쓰레기 산에서 춤을!

알고 십대 02

쓰레기 산에서 춤을!

개성 통통 아이디어로 오늘도 지구 덕질 중

홍다경 글 | 성규빈 그림

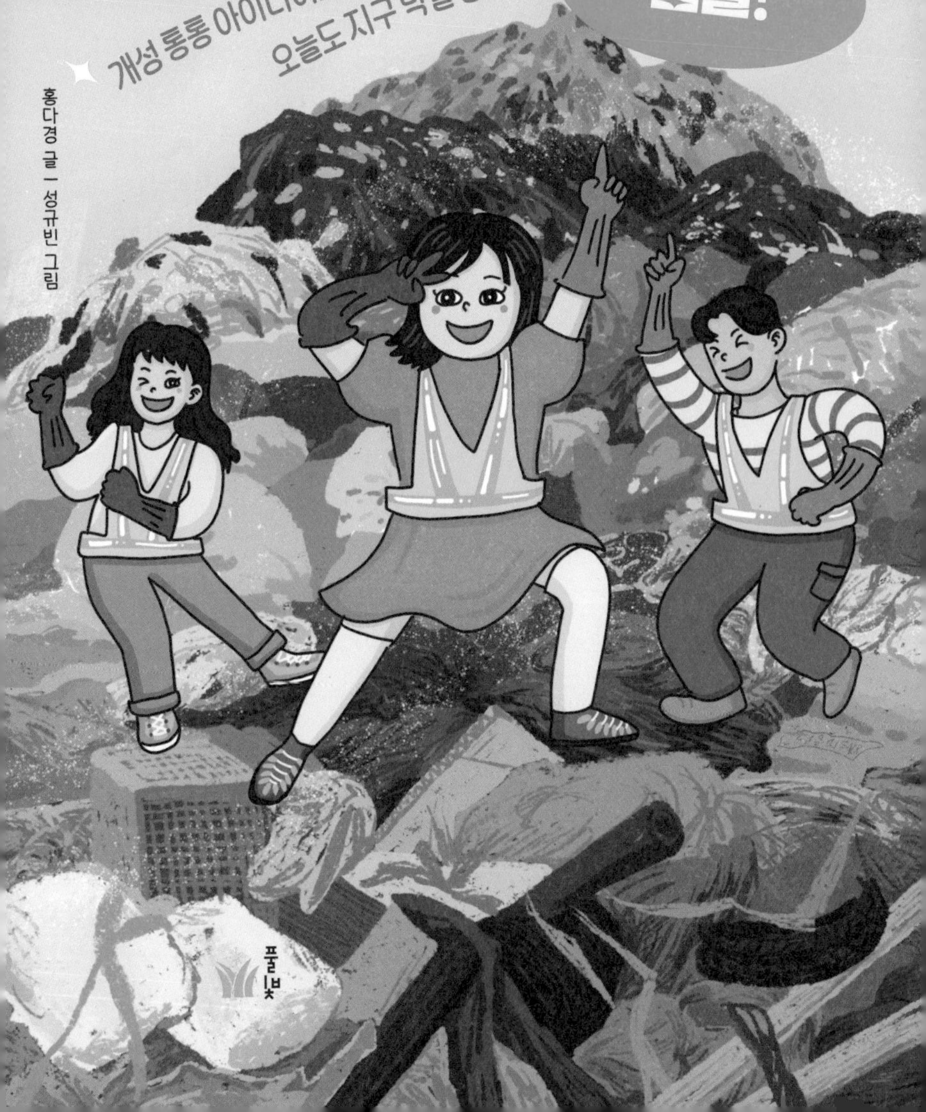

풀빛

지금 지구는 인간으로 인해 환경이 크게 파괴되고 있고, 큰 몸살을 앓고 있습니다. 엄청난 쓰레기는 산더미처럼 쌓여 수많은 쓰레기산을 만들어 내고 있고, 바다는 엄청난 양의 플라스틱 쓰레기로 인해 수많은 물고기가 죽어가고 있습니다. 이것이 계속된다면 공멸할 수밖에 없습니다.

우리의 후손들에게 지속 가능한 아름다운 지구를 물려주기 위해서는 지금 당장 하던 것을 멈추고, 방향을 완전히 틀어야 합니다. 지구 환경을 파괴하는 것이 아니라 환경을 회복하는 일을 해야 합니다. 지구는 우리 모두의 삶의 터전입니다. 인간도 자연입니다. 자연이 아파하고 신음하고 고통을 받으면, 인간도 아파하고 신음하고 고통 받을 수밖에 없습니다.

이제는 지구를 중심 가치로 삼아야 합니다. 지구가 잘 관리되고 운영될 수 있도록 지구를 경영의 관점에서 볼 때, 인간뿐만 아니라 모든 생명체, 지구 환경까지 모두가 건강하고 행복하고 평화롭게 공생할 수 있습니다. 개개인의 의식이 바뀔 때 희망이 있습니다.

홍다경 양처럼 공생과 지구경영의 의식을 갖고 그것을 실천해 나가는 청년들이 지구의 희망입니다. 지구에 사는 모든 청년들이 매일 지구를 위한 작은 실천을 한다면 지구는 어떻게 바뀔까요? 이 책의 스토리가 많은 청년들에게 영감을 주고, 자신의 가치를 발견하고 실천해 나가는 데 힘이 되기를 기대해 봅니다.

– 이승헌(글로벌사이버대학교 총장, 세계지구시민연합 회장)

"당신이 바로 지구입니다"라고 알려 주는 저자의 한 마디, 오늘날 이보다 우리에게 더 절실한 메시지가 있을까 싶습니다. 마치 고승의 오도송처럼 심금을 울리는 홍다경의 "내가 바로 지구입니다"라는 깨달음을 모두가 공유할 때 비로소 우리 지구가 본연의 모습을 찾을 수 있을 것입니다. 사회 곳곳에 숨어 있는 쓰레기 문제를 너무나도 청정한 영혼으로 발로 뛰며 직접 체험한 저자의 모험기는 우리에게 앞으로 어떻게 살아가야 할 것인지를 제시해 주고 있습니다. 무관심 속에 날로 심각해지는 쓰레기 문제에 관심을 가지게 해 주는 놀라운 책입니다. '지구가 바로 나'라는 깨달음을 실천하고 싶은 모든 독자들에게 추천합니다.

— 정내권(前 외교부 기후변화대사, 前 유엔 아태경제사회위원회 환경개발국장)

환경 문제를 알리기 위한 실천을 홍다경님보다 더 열심히 하는 사람이 있을까 싶을 정도로 그의 열정이 검증되고 또 검증됐습니다. 그동안 지지배(지구를 지키는 배움터) 유튜브에 올려진 재미있는 콘텐츠들을 멀리서 지켜보다가, 본 책을 통해 그의 여정 속에 숨어 있던 흥미로운 이야기들을 더 알게 되면서 많은 힘을 얻었고, 자극받았습니다. 이 책을 읽고 다경님의 에너지에 한번 전염돼 보세요!

— 줄리안 퀸타르트(방송인, 유럽연합 기후행동 친선대사)

지속적으로 환경 살리기 프로젝트를 놓지 않고 열정을 다해 온 홍다경 양이 또다시 멋진 도전을 해서 사회와 지구를 긍정적으로 변화시키는 '지구시민 리더'로 성장하는 모습에 반짝이는 희망을 봅니다. 이 책을 통하여 많은 청소년, 청년들이 홍다경양의 스토리에 깊이 공감하고 지구 공동체를 위한 실천에 동참할 것으로 생각됩니다. '나'라는 사람이 주변 사람들에게 어떤 환경이 되고 있는지 생각하는 것이 중요한 출발점이 될 것입니다.

　　자신의 밝은 에너지가 다른 누군가에게 건강하고 행복한 에너지를 전달할 수 있을 때 자연과 지구를 위한 큰 의식으로 확장해 나갈 수 있습니다. 그동안 열정을 다해 그렇게 걸어온 것처럼, 우리 청소년과 청년들이 자신의 가치가 얼마나 아름답고 소중한지를 발견하고, 함께 손을 잡고 지구를 향해 나아가기를 응원합니다.

- 김나옥(벤자민인성영재학교 교장)

지구를 지키는 배움터에 초대합니다

대부분 환경 문제에 관심을 가지기 시작하는 건 아주 사소한 부딪힘 때문입니다. 가령 어떤 사람은 기분 좋게 힐링하려고 바다에 갔다가 하얀 파도에 페트병이 밀려와 있는 걸 보고 '이건 아니잖아'라는 분노가 일어날 때, 또 어떤 사람은 여유롭게 공원을 거니는데 테이크아웃 컵이 굴러다니는 걸 보면서 나의 양심을 반성하게 될 때, 그럴 때부터 관심이 생깁니다.

저 역시 자꾸만 쓰레기와 부딪힘이 생기던 그때부터였습니다. 관심이 생기니까 쓰레기 문제를 해결하기 위한 작은 활동들을 하게 되고, 점점 큰 기획을 맡게 되면서 지금은 누구나 쉽게 할 수 있는 재미있는 지구를 지키는 활동들을 만들고 있습니다.

환경운동은 나를 위해서, 지구를 위해서 작은 것부터 시작하는 것이 출발점입니다. 주위를 둘러보면 정말 많은 분이 좋은 마음으로 환경운동을 하고 있습니다. 분리배출을 꼼꼼하게 하시는 어머니들, 대중교통을 이용하시는 아버지들, 텀블러를 가지고 다니는 직장인들, 고사리손으로 분리배출함에 자신의 쓰레기를 정리하는 아이들….

지구를 지켜야 한다는 마음을 가지신 분들이 모두 각자의 자리에서 조금씩 환경운동을 실천하고 있습니다. 그 중의 한 사람 두 사람, 그리고 그보다 좀 더 관심이 있는 사람들이 서로 정보를 공유하고 행동(action)을 하다 보면 변화는 생길 것이고, 희망이 보일 것이고, 지구가 지금보다 더 깨끗해질 것입니다.

저는 쓰레기를 덜 배출하기 위해 다양한 콘텐츠를 구상하기로 스스로와 약속도 하고 다짐도 해 보지만, 여전히 쉽지가 않습니다. 하지만 환경에 대한 우리의 태도가 아주 조금씩이라도 변화 중이라면 잘하고 있는 게 아닐까요?

이 책을 읽으시는 독자분들과 함께 '지구를 지키는 배움'을 퍼트려 나가고 싶습니다. 그게 저의 양심입니다.

차례

1장 지구 덕질 시작!

2장 쓰레기, 너 때문에 처음 해 본 게 많네

3장 쓰레기 산을 아시나요?

4장 어느새 환경 인플루언서가 되어 있었다

북극곰 이야기에
눈물이 또르르…

내가 초등학생이었을 땐 〈곰돌이 푸〉 만화영화가 유행했고 '곰돌이 푸' 인형을 가지고 노는 게 대세였다. 그때 나도 곰돌이 푸 인형과 친구처럼 지냈다. 그런데 어느 날 살아 있는 북극곰이 TV에 등장했다. 녹아내리는 얼음덩어리를 피해 얼음 조각에 아슬아슬 서 있는 북극곰 가족의 모습. 지구 온난화로 빙하가 녹아서 북극곰이 살 곳이 점점 없어진다는 공익 홍보 영상에서였다.

그 모습을 보고 나도 모르게 눈물이 주르륵 흘렀고, 무엇이라도 당장 해야 할 것 같았다. "정기 후원해 주세요"라는 문구에 마음이 움직여 엄마를 졸라 후원한 기억이 난다.

현재 북극의 상황은 빙하가 녹는 속도에 가속도가 붙어서 빙하 면적이 크게 감소했고 북극곰은 서식지가 줄어들면서 멸종 위기종으로 지정되었다고 한다. 이런 북극곰의 상황을 환기하기 위해 2월 27일을 '북극곰의 날'로 지정했다고 하는데, 우연찮게도 2월 28일이 내 생일이어서 더 정확하게 기억되는 날이다. 북극곰 수명이 25년이라는데 영상에 나왔던 그 북극곰 가족은 살아 있을지 궁금해진다.

그즈음 학교에서 EBS 〈지식 채널 e〉의 '햄버거 커넥션' 영상을 봤다. 아마존 열대우림의 울창한 나무들을 베고 불태워 목초지로 만들고, 그곳에서 소를 키우는 사람들에 관한 영상이었다. 고기를 얻기 위해 도를 넘는 인간의 자연 훼손 모습에 보는 내내 화가 났다. 그때 이후로 난 햄버거를 잘 먹지 않는다. 그때 본 영상이 배고픔보다 먼저 떠올라서다. 몰랐던 사실을 알게 되면 사람들은 고민하게 되고, 관심이 생기고, 마음이 시키면 행동하게 된다.

나는 행복하게 환경운동을 하려면 몸과 마음이 건강해야

한다고 생각한다. 그래야 북극곰의 이야기에 귀 기울일 수 있고, 열대우림의 상황도 체크해 볼 수 있으며, 나와 조금 다르게 생각하는 사람들과도 이야기를 나눌 수 있다. 나는 지구에 대한 관심을 오랫동안, 그리고 행복하고 건강하게 기울이기 위해 오늘도 자연 속에서 즐겁게 놀거리를 찾는다. 오늘 나의 콘텐츠가 '지구'인 이유다.

아래에 작성해 보세요!
Q1. 최근 가장 인상 깊었던 사건이나 영상이 있나요?

Q2. 나의 최대 관심사는 뭔가요? 그리고 하고 싶은 것이 있나요?
ex) 나는 OOO을 하고 싶다.

지구 덕질 시작!

스마일 감자가
버려졌다

쇠도 씹어 먹을 나이, 고등학교 2학년 때였다.

항상 시간에 쫓겨 아침을 먹는 둥 마는 둥 하고 등교하는 나와 친구들에게 하루 중 가장 행복한 시간은 역시 급식 시간! 하루는 스마일 감자가 메뉴로 나왔다.

잘 튀겨진 따뜻한 스마일 감자는 파삭파삭하면서 기름기가 살짝 있어서 쫄깃하게 씹히는 맛과 고소함이 최고였다. 10개쯤 먹고도 아쉬워서 더 받으려고 배식대로 갔다. 스마일 감자가 굉장히 많이 남아 있는 게 보였다. 더 먹을 수 있어서 좋긴 했지만 '급식 시간이 거의 끝나가는데 저 많은 것들은 어떻게 되는 걸까?'라는 궁금함이 생겼다.

학생들이 적게 먹어서 남은 걸까, 요리하시는 분이 양을 많이 하신 걸까라는 생각을 하면서 스마일 감자를 더 받아서 행복한 마음으로 천천히 먹었다. 점심시간을 꽉 채우고 나서 자리에서 일어서는데, 조리실 안에서 우당탕탕 빠르게 설거지하고 물로 바닥을 씻어 내리는 소리가 들렸다. 그사이 남은 반찬과 스마일 감자는 모두 음식물쓰레기로 정리되고 있었다.

그동안 급식을 먹기만 했지 조리실 안에서 일어나는 일에는 전혀 관심이 없었는데, 그날은 조리실에서 일어나는 여러 가지 일들이 너무나 잘 보였다. '그 많은 스마일 감자가 다 버려진다고? 버리지 말고 공부하다 배고파하는 학생들에게 오후에 간식으로 주면 좋을 텐데' 하는 생각과 '주위에 나눔할 곳이 있을 텐데' 하는 생각이 머릿속에서 떠나지 않았다. 교실에 가서도 한참 동안 마음이 급식실로 가 있었다.

그 후 약 일주일 동안 급식을 다 먹고 나면 급식실을 배회하며 급식 잔반이 얼마나 되는지 흘깃흘깃 조리실을 훔쳐

보았다. 그러다 하루는 용기를 내서 배식해 주시는 조리사님께 남은 반찬은 어떻게 되는지, 나눔할 수는 없는지 여쭤보았다. 학교 급식 규정상 남은 음식을 나눔하기는 어렵다고 하셨다. 혹시라도 식중독 문제가 생기면 학교에서 책임져야 해서 간단하지가 않은 거였다.

그래도 맛있게 먹을 수 있는 깨끗한 스마일 감자가 음식물쓰레기로 버려지는 건 문제가 있지 않나 싶어서 학교에 아이디어를 말씀드렸다. 잔반이 많이 남은 날엔 오후 쉬는 시간에 배고픈 학생들이 급식실로 와서 먹을 수 있도록 방송반에서 그날의 잔반 상황을 방송하면 어떻겠냐고 요청해 봤다. 그러면 음식물쓰레기도 줄이고 학생들은 배고픔을 달랠 수 있을 거라고 말씀드렸지만 그것 역시 어렵다고 하셨다.

나는 일주일 동안 급식실을 배회하면서 버려지는 음식들을 사진 찍어서, 교육감님께 그 사진과 잔반에 대한 의견을 정리해 메일로 보냈다. 메일을 보내고 답변을 기다리고, 또 보내고 기다리고, 그렇게 4개월 정도 지났을 때 교육감님으로부터 답변이 왔다. 메일을 보내 줘서 고맙다는 인사와 학교에서는 음식물쓰레기를 줄이고자 노력하고 있고, 순수 잔반뿐 아니라 식재료 전처리 과정에서 발생하는 폐기물도 줄이고자 노력하고 있다는 내용이었다. 특히 잔반을 적게 남긴 학생에게 쿠폰을 제공하는 방법으로 음식물쓰레기를 줄이고자 한다는 내용도 포함되어 있었다.

교육감님께서 나의 메일을 읽고 답변을 주신 것은 기뻤지만 교육청에서도 뾰족한 대안이 없고, 잔반을 그냥 버려야 한다는 현실이 답답했다.

다음해에 난 개인적인 이유로 다니던 학교를 그만두고 대안학교로 전학했는데, 한참 후에 친구들로부터 학교에서 실제로 잔반을 안 남기면 기부 쿠폰을 받는다는 이야기를 전해 들을 수 있었다. 잔반을 안 남기면 쿠폰 1천 원을 받는데, 그 쿠폰을 모아 밥을 제대로 먹기 힘든 어려운 나라의 친구들에게 기부할 수 있다고 한다. 각 학교에서 음식물쓰레기를 줄이기 위한 다양한 아이디어와 방법이 시행되어 학생들이 적극적으로 동참하는 기회가 많아지면 좋겠다.

급식으로 나왔던 스마일 감자 덕분에 음식물쓰레기 문제에 대해 고민하고 행동으로 옮겨 본 첫 경험이었다.

내가 만약 환경보호를 위하여 사회에 목소리 내고 싶은 것이 있다면 어떤 방법이 있을까요? 아이디어를 적어 보아요.

1.

2.

3.

스피치 대회에서
상을 받다니!

어릴 때 나는 아주 왜소한 체격이었고 수줍음이 많았다. 자신감이 부족하고 표현이 서툴러서 가끔은 오해를 받는 일도 있었다. 내 마음의 소리를 말로 표현하기가 어려워서 우물쭈물하면 친구는 답답하다며 "무슨 말을 하려고 그러는데?"라고 되묻곤 했었다. 그럴 때마다 자존감이 쪼그라드는 느낌이었고, 그런 내가 싫었다.

지금 생각해 보면 청소년기엔 충분히 그럴 수 있고, 지금도 나처럼 고민하는 청소년들이 많을 텐데 그 시절에는 이런 성격이 엄청나게 큰 고민으로 다가왔던 것 같다. 지금 지지배(지구를 지키는 배움터)를 함께 만들고 있는 친구들이나 성인이 되어 만난 지인들이 들으면 의외라고 생각하겠지만, 그때의 나는 그랬다. 혼자가 편했고, 별것 아닌 일로 혼자만의 고민에 빠지곤 했었다.

'어떻게 살아야 하지?', '무엇을 위해서 살아가야 하지?', '세상에 힘이 되는 사람이 되고 싶은데 내가 할 수 있는 부분은 무엇일까?', '앞으로 어떤 일을 하면서 살아야 가치 있는 삶을 살까?'

그렇게 고민하던 중, 고등학교 2학년 겨울 방학 때 부모님의 제안으로 대안학교를 가게 되었다. 다니던 일반 학교가 싫거나 힘들어서가 아니라 순전히 부모님의 제안으로 고등학교 3학년을 눈앞에 두고 전학하게 되었다. 내가 간 대안학교는 벤자민인성영재학교인데, 지구시민 의식에 가치를 두고 다양한 프로젝트를 위주로 수업하는 학교다. 부모님께서는 청소년 시기에 다양한 경험을 해 보는 게 좋겠다고 권하셨고, 때마침 그런 학교가 생겼다면서 나를 설득하셔서 고등학교 1학년인 동생과 함께 대안학교로 가게 된 것이다.

새로운 학교는 일반 학교에 비해 많은 것이 자유로웠다. 시험도 없고, 성적으로 줄 세우는 것도 없어서 자유롭게 무엇이든 시도해 볼 수 있었다. 학교의 커리큘럼이 1년 과정이어서 일반 학교에 다닐 때보다 훨씬 더 바쁘게 살았다(나의 전체 학창 시절 중에 가장 많은 활동을 한 시기였다).

학교 교육 과정 중에 지구의 날(4월 22일)을 기념한 '지구 시민 스피치 대회'가 있었다. 사람들 앞에 서는 것을 두려워하는 나에게 스피치는 정말 큰 장애물이었는데, 이번에는 그냥 해 보자는 마음으로 용기를 냈다. 벤자민학교의 캐츠프레이즈가 "그냥 해"였는데, 정말 그냥 해 보기로 한 거다.

나는 일반학교에서 경험했던 급식 잔반 문제에 대한 이야기를 해야겠다고 생각했다. 주제는 정했고, 이제부턴 어떻게 스피치 원고를 써야 할지가 고민이었다. 실제로 행동한 내용을 먼저 매끄럽게 정리해 보았다. 스피치가 그냥 발표가 아니라 사람들에게 공감과 감동을 줘야 된다는 생각이 들자 부담감이 만만치 않았다. 어렵게 대본을 마무리하고 말하기 연습을 여러 번 했다.

남들은 스피치 그게 뭐라고 그렇게까지 걱정하느냐고 말할지도 모르지만 난 잘하고 싶었다. 대회 전날에 최고조로

긴장되었고, 스피치 대회 당일엔 밥도 제대로 넘어가지 않았다. 200명의 학생들 앞에서 발표한다는 것이 나에게는 정말 큰 도전이었다.

"안녕하세요? 저는 벤자민인성영재학교 대구 학습관 홍다경입니다."

여기까지만 기억이 나고 그다음부터는 떨려서 원고의 내용이 하나도 떠오르지 않았다. 아마 누구나 한 번쯤은 너무 떨려서 머리가 하얘지는 경험을 해 봤을 것이다. 그날의 내가 그랬다.

그런데 잠깐 정지되었던 마음 깊은 곳에서 "그냥 해"라는 소리가 들렸고, 조금 진정이 되었다. 나는 학교 급식 때 경험했던 일을 차근차근 말하였고, "우리 모두 지구시민이 되자!" 하고 힘주어 이야기하며 스피치를 마무리했다. 곧이어 박수 소리가 크게 들렸고, 긴장이 풀리면서 몸이 흐물흐물해지는 느낌이 들었다.

각 지역 학습관을 대표한 친구들의 발표가 끝나고 스피치 결과 발표가 시작되었다. 장려상부터 호명되었는데, 그때까지도 내 이름이 불리지 않았다. 이제 최우수상만 남은 상황이었다. '설마…' 하면서도 내가 한 활동이 최우수상을 받을 수 있다면 너무 좋겠다고 기도하듯이 기다렸는데….

"지구시민 스피치 대회 최우수상은 홍다경 학생입니다."

내 이름을 부르는 사회자의 목소리가 들렸다. 마음이 날아갈 듯이 가볍고 후련해졌다. 드디어 끝났다. 그것도 아주 멋지게!

내가 지금 꾸준히 환경운동을 할 수 있는 건 그때 첫 번째 두려움을 잘 통과한 경험 덕분이다. 나는 그 스피치 대회를 계기로 엄청난 용기가 생겼다. 마음의 소리에 귀를 기울이고 꼭 해야 할 것은 직접 해 보는 용기!

만약, 지금 진심으로 하고 싶은 것이 있는데 망설이고 있는 친구가 있다면 이렇게 말해 주고 싶다.

"두려움을 인정하고 그냥 해 봐요!"

청정 지역
뉴질랜드가 맞나요?

대안학교를 졸업한 후 고졸 검정시험을 치고서 스무 살에 새로운 도전을 위해 뉴질랜드로 지구시민 발런티어(봉사활동)를 갔었다.

뉴질랜드는 정말 멀었다. 한국에서 비행기를 타고 16시간이나 걸렸다. 인천에서 오클랜드 공항으로, 다시 북섬으로 이동하는 경로였는데(뉴질랜드는 섬나라로 북섬과 남섬으로 이루어져 있다), 초원과 바다가 넓게 펼쳐져 있는 현실의 뉴질랜드는 정말 아름다웠다. 차를 타고 도로를 달리다 보면 한쪽 들판에는 소와 말들이, 다른 쪽 들판에는 양들이 풀을 뜯고 있었는데, 그림처럼 평화로웠다.

영화 〈반지의 제왕〉 촬영지답게 위대한 자연을 가진 멋진 나라구나 생각했다. 가끔 꽃향기와 동물들의 똥 냄새가 코를 자극하기도 했지만, 맑고 상쾌한 공기가 빠르게 교체되면서 숨 쉬는 것만으로도 정말 행복했다. 밤하늘에는 늘 은하수가 등장했고 별천지였다. 그래서 밤마다 하늘을 올려다봤고 쉽지 않은 타지 생활 중에 내겐 큰 위로였다.

뉴질랜드에서의 봉사 활동은 청년 활동가로 '지구시민학교'를 만드는 데 참여하는 프로젝트였다. 밀림 같은 숲속에서 여러 작업을 했는데, 여행 오는 사람들이 다닐 수 있게 나무 계단을 만들고 사람들이 머무르는 숙소에 벽화도 그렸다. 작업을 했던 숲에는 수천 년 먹은 카오리 나무가 있었고, 마치 호빗(〈반지의 제왕〉에 나오는 인물 중에 난쟁이족)들이 살 것 같은 마을도 있었다.

그런데 청정 지역인 뉴질랜드에서 의외의 일이 일어나고 있었다. 여행객들을 위한 음식을 만드는 식당에서 일을 돕던 어느 날, 주방에서 설거지를 하는데 현지인 주방장이 음식물쓰레기와 일반쓰레기를 분리하지 않고 같이 버리는 모습을 보았다. 그래서 왜 따로 분리하지 않고 버리는지에 대해 짧은 영어와 보디랭귀지를 섞어 가면서 물었다.

"이렇게 버리면 안 되잖아요!"

그러자 나의 머리를 한 대 때리는 듯한 대답이 들려왔다.

"이렇게 버리면 다 바다로 가."
"뭐라고요?"

당황스러웠다!!

그때만 해도 쓰레기를 바다에 버리는 나라가 있다는 이야기를 듣긴 했었지만, 이렇게 실제로 현장을 보다니!

런던 의정서(2006년 발표)에 따라 해양환경 보전 및 수산물 오염 방지 등을 위해 산업폐기물 등의 해양 배출은 국제적으로 금지되고 있다. 해양수산부에 따르면, 우리나라도 약 30년 동안 폐기물을 해양 배출해 왔었지만 2016년 1월 1일부터는 전면 금지되었다고 한다.

현지 주방장의 말이 사실이라면 뉴질랜드에서는 여태껏 쓰레기를 바다에 버리고 있었던 건 아닐까! 그렇다면 태평양 한가운데에 쓰레기 섬이 만들어지는 게 당연할 수밖에 없겠구나 하는 생각이 들었다. 그 현실을 눈앞에서 확인하는 순간이었다. 아찔했다.

이후로 뉴질랜드의 아름다운 환경을 보아도 그날의 일이 생각나 마음이 무거웠다. 그래서 한국에 돌아가면 지구를 깨끗하게 만들기 위한 활동을 반드시 해야겠다고 마음먹으며 귀국할 날만 기다렸다. 우리가 함께 살아갈 아름다운 지구를 위해!

지구 덕질 시작!

홍대 거리에는

1년간의 뉴질랜드 발런티어 활동을 마치고, 한국으로 돌아와서는 바로 부모님으로부터 독립했다.

큰 캐리어 하나 정도의 짐만 꾸려서 월세 부담이 적은 충무로 고시원에서 몇 달을 살았다. 고시원은 한 층에 십여 개의 방이 다닥다닥 붙어 있고 방음도 제대로 되지 않아서 말하는 것도 조심스러웠고, 무엇보다 가장 힘든 점은 창문이 없다는 거였다. 뉴질랜드에서 매일 하늘을 보며 위로받았었는데 그 소소한 기쁨조차 누릴 수 없다는 것이 좀 슬펐다.

그렇게 몇 달을 버티다가 창문이 있는 홍대 인근 셰어하우스*로 옮겼다. 창문이 있는 방이어서 너무 행복했다. 그런데 서울의 집들은 옆 건물과 너무나 가깝게 붙어 있어서 내가 볼 수 있는 하늘은 정말 손톱 만큼이었다. 그것도 창문 밖으로 목을 빼고 이리저리 찾아야 볼 수 있는 하늘이었다.

그렇게 서울 생활에 적응하면서 이사도 참 많이 다녔다. 이사를 다니다 보면 여러 가지 삶의 요령이 생긴다. 햇빛이 얼마나 소중한지, 바람이 통한다는 게 얼마나 좋은지, 물건이 많은 게 결코 좋은 것만은 아니라는 걸 절절히 느끼게 된다. 그래서 물건을 살 때마다 그 필요성에 대해 수십 번 생각하고 활용도를 따져 보게 된다.

홍대 근처에 살 땐 나도 가끔 청년들 틈에 끼어 홍대 거리를 걷고 친구들과 놀기도 했다. 놀다가도 습관적으로 주변을 둘러보면 사람만큼이나 담배꽁초와 버려진 테이크아웃 컵들이 너무 많았다.

★ 한 집을 여러 사람들이 나눠 쓰는 곳으로, 지극히 개인적인 공간인 침실 외에 거실, 화장실, 주방 등을 공유하는 주거 방식을 가리킨다.

내 눈에는 활력이 넘쳐나는 젊은 청년들보다 버려진 쓰레기들이 더 잘 보였다. 비가 많이 오는 장마철이면 하수구가 막혀 컵들과 담배꽁초들이 물 위를 둥둥 떠다녔고, 사람들이 사라진 이른 아침엔 청소부 아저씨의 비질에 늦가을 낙엽더미 쌓이듯이 금세 쓰레기 더미가 만들어졌다. 젊음의 거리, 홍대 거리가 내겐 그저 환상으로만 여겨질 뿐이었다.

나는 집 주변 전봇대에 쌓인 쓰레기부터 정리하기로 마음먹었다. 치워도 매번 그 자리에 그 모습 그대로 다시 쌓이곤 하는 온갖 쓰레기를 볼 때면 사실은 좀 귀찮기도 하고 시간 낭비가 아닐까 하는 생각이 들기도 하지만, 최소한 '내 주변부터 치우다 보면 조금은 나아지지 않을까' 하는 희망을 가져 본다.

어쩌다 보니
아침형 인간

부모님은 어릴 때부터 나에게 "스무 살이 되면 독립해서 살아야 한다"는 소리를 자주 하셨다. 어쩌다 보니 그 말이 현실이 되었고 성인이 되자마자 팍팍한 서울에서의 삶을 시작했다. 2017년 12월, 부모님으로부터 독립한 이상 어떻게든 잘 살아봐야지, 난난히 마음을 먹고 혼자서 환경운동을 위한 지구를 지키는 배움터, 지지배도 만들었다.

생계 유지가 급해서 나는 일단 일할 수 있는 곳을 찾아다

넜다. 그러다 서울시 청년 일자리 공공근로 구인 공고를 보게 되었는데, 큰돈을 벌 수 있는 것은 아니었지만 당장 일자리를 구해야 하는 상황이라 서둘러 지원했다.

다행히 결과가 좋았다. 그런데 참 특이하게도 소방재난본부에서 청소 일을 하는 청년 일자리가 배정되었다. 청소 일은 출근하는 사람들보다 먼저 일을 시작해야 해서 매우 일찍 일어나야 한다는 단점이 있었지만, 일찍 끝마치고 오후 시간에 환경운동을 할 수 있다는 장점이 있어서 기쁜 마음으로 시작하기로 했다.

그러나 현실은 생각대로 되지 않았다. 한창 잠이 많았던 스물두 살, 날마다 새벽 5시에 일어나는 게 정말 힘들었다. 한 번 잠에 빠져들면 누가 업어 가도 모를 만큼 깊이 잠들어 알람 소리를 듣지 못해 몇 번이나 지각을 했다. 특단의 조치로 대구에 계신 어머니께 깨워달라고 부탁을 드리고 알람도 여러 개 맞춰 두었다.

만약 지금, 그때처럼 하라고 하면 못할 것 같다. 새벽에 일어나는 것이 정말 힘들었다. 그럼에도 불구하고 청소 아르바이트를 선택했던 이유 중의 또 다른 한 가지는 회사에서 쓰레기 분리배출을 어떻게 하고 있는지가 궁금해서였다.

사무실에는 200여 명이 근무하고 있었기 때문에 쓰레기의 양이 상당히 많았다. 인사이동이 있을 때는 더 심각했다. 간식으로 먹으려고 사 두었던 즉석 식품들과 개인이 사용하던 만만치 않은 양의 사무용품을 대부분의 사람들이 그냥 통째로 버리고 가서 그것을 여사님(함께 청소하시는 분을 여사님이라고 불렀다)과 분리하고 정리하는 일이 엄청 힘들었다.

청소 업무는 쓰레기 분리뿐 아니라 건물의 유리창 닦기, 화장실 청소, 계단 닦기, 쓰레기통 비우기, 건물 바닥 닦기, 각 방마다 책상 닦기, 화분 닦기, 소화기 닦기, 화분 물 주기 등 정말 다양했다. 이 일들을 나와 여사님이 6시간 안에 끝내려면 쉴 틈이 없었다.

직원들이 재활용품을 제대로 분리하지 않고 버린 경우(음식물이 묻은 채로 헹구지 않고 분리배출한 일회용품이나 먹고 남은 음식물이 가득 든 채로 플라스틱 용기를 버린 경우)엔 나도 재분리를 꼼꼼하게 하기가 쉽지 않았다. 건물 청소만으로도 시간이 부족한 날이 많았기 때문이다. 그래서 가끔은 점심시간이나 쉬는 시간에 쓰레기를 분리하고 선별했는데, 쓰레기 분리를 담당하던 작업장 아저씨께서는 수거해 가는 과정에서 대부분 섞어서 가져가니까 이러한 나의 노력이 별 의미가 없다고 하셨다.

하루하루 회사에서 배출되는 쓰레기의 양이 엄청 많았다. 그래서 배출되는 쓰레기들을 조사도 해 보고, 올바른 분리배출에 대해서 공부도 하고, 어떻게 하면 재활용 효율을 높일 수 있을지에 대해 현장에서 더 고민하게 되었다.

결론은 직장을 다니는 개개인이 현장 체험을 통해 쓰레기 배출에 대한 교육을 받아야 하고, 각자의 쓰레기통에 대한 정리가 필요하다고 생각한다. 물론 쓰레기 대책을 연구하고 고민하는 회사나 지자체도 있겠지만, 여전히 대부분은 쓰레기 문제에 대한 인식이나 쓰레기를 다루는 방법, 재활용품 분리배출에 대한 태도가 많이 부족한 것 같다.

쓰레기 덕질의
기본

제대로 된 정보를 알아야 쓰레기 덕질도 잘할 수 있다.

내가 알고 있는 제대로 된 정보를 독자와 공유하고 많은 사람이 전파하고 실천해야 '길이 보전할 수 있는 지구'를 만들 수 있다.

우리 주변에서 볼 수 있는 것 중에 가장 심각한 쓰레기는 담배꽁초다. 작은 고추는 맵고 작은 꽁초는 무섭다. 길을 걷다 보면 격자 모양의 철망으로 된 하수구 구멍, 즉 빗물받이가 곳곳에 있다. 비가 오면 길거리에 고이는 물이 배수로를 통해 강으로 그리고 바다로 흘러가는데 평상시에 텅 비어 있어야 할 빗물받이가 담배꽁초로 가득 차면 길에 고인 물이 빠져나가지 못해서 주변이 온통 물바다가 된다. 하수구 구멍에 담배꽁초를 버리면 그 순간은 감쪽같겠지만 장마철에 하수관이 막혀 길에 물이 넘쳐나면 피해는 담배를 피우지 않는 사람도 입게 된다. 모두가 피해를 입는 거다.

전 세계 해변에서 수거한 해양쓰레기 중 3분의 1이 담배꽁초라고 한다. 담배꽁초가 작아서 나 하나쯤이야 하는 생각으로 길에 버리다 보니 제대로 수거가 안 되어서 하천으로 흘러가고 바다까지 간 것이다. 담배꽁초는 하천과 바닷물에 녹으면서 미세플라스틱으로 변해 해양 생태계까지 파괴하는데, 이게 정말 심각한 문제다. 바다에 녹아 있는 담배꽁초 미세플라스틱을 물고기가 먹고 그 물고기를 인간이 먹는 악순환, 우리가 버린 것을 우리가 취하게 되는 무서운 악순환이다.

어떻게 하면 담배꽁초 쓰레기를 줄일 수 있을까? 이걸 해결하는 아이디어를 내는 사람에게 노벨상을 주면 빠르게 해결이 될까? 이 작은 쓰레기에 대한 더 많은 관심이 해결에 이르는 가장 좋은 방법이라고 생각한다.

생수병이나 일회용 용기 문제 또한 심각하다. 코로나19로 배달 문화가 일상으로 들어오면서 포장 용기 사용이 늘고 일회용 천국이 되었다.

생수병 같은 투명 PET 재질은 그나마 재활용이 잘 된다. 잘 씻어서 말려 재활용으로 버리면 되는데, PET 재질이 아니거나(PP나 PLA 재질은 재활용이 안 되고 있다) 잉크가 들어간 로고가 찍혀 있으면 재활용이 안 되고, 음식물이 묻어 있어도 재활용이 안 된다. 페트병에 잉크가 들어간 로고가 인쇄되어 있거나 음식물이 묻어 있으면 선별 과정이 복잡해져서 추가 비용이 발생하기 때문에 모두 일반쓰레기로 버려진다고 한다. 생수병도 버리는 사람이 여러 상황을 고려해서 제대로 분리배출해야 재활용으로 연결될 수 있다. 그래서 가장 좋은 방법은 번거롭더라도 개인 컵이나 텀블러를 사용해 일회용품을 줄이는 것이다.

환경을 생각한다면 편리함은 뒤로 미루고 불편함을 즐기는 습관을 들여야 할 것이다.

일상생활에서 중요한 '먹는 것'에 대해서 이야기를 해 보려고 한다. 최근 들어 상차림 문화는 점점 푸짐해지고 음식도 더 다양해지고 있다. 그와 더불어 음식물류 폐기물 발생량도 증가하고 있다.

우리는 일상생활에서 음식물류 폐기물 감량을 위해 노력해야 한다. 먼저, 음식물쓰레기가 생기지 않도록 적당한 양만 만들어야 한다. 왜냐하면 식품이 만들어지고 조리되는 과정에서 이미 상당한 양의 쓰레기가 발생하기 때문이다.

그렇기 때문에 먹을 만큼만 음식을 만들고, 먹을 만큼만 음식을 주문하는 것이 중요하다. 먹다가 부족하면 추가로 더 만들어서 먹거나 다른 것을 먹어도 되니까, 음식물쓰레기 발생을 줄이는 것이 핵심이다.

남은 음식물들을 처리하기 위해서는 엄청난 비용과 탄소가 발생한다. 그러니까 음식물쓰레기를 조금만 줄여도 나무를 심는 효과까지 누릴 수 있다고 한다. 하지만 어쩔 수 없이 음식물쓰레기가 발생하는 경우가 있긴 하다. 그땐 일반쓰레기와 잘 분리해서 버려야 한다.

음식물쓰레기의 일부는 동물이 먹는 사료로 만들어진다. 그런데 가끔은 '이게 음식물쓰레기인가?' 하고 헷갈리는 종류들이 있는 것 같다. 지금부터 그 이야기를 해 보고자 한다. 앞서 말했듯이 음식물쓰레기가 동물의 사료로 활용되기 때문에 딱딱하거나 독성이 있는 것은 일반쓰레기로 버려야 한다. 예를 들면 다음과 같다.

1) 달걀, 메추리알 등의 껍데기
2) 딱딱한 과일 껍질(파인애플, 코코넛 등)
3) 생선뼈와 조개껍데기(껍데기, 뼈, 가시 등)
4) 육류 및 어패류의 뼈(사골 뼈, 어패류의 딱딱한 뼈 등)
5) 양파 껍질과 채소 뿌리(옥수수 껍질, 마늘대 등)

간혹 귀찮아서 음식물쓰레기 봉투에 이쑤시개, 과일에 붙은 작은 스티커를 버리는 분들이 있다. 작은 쓰레기도 음식물쓰레기들을 다시 자원으로 활용하는 데 문제가 될 수 있으니 귀찮다 생각하지 말고 정확하게 구분해 버리는 노력이 필요하다.

마지막으로 하고 싶은 이야기는 소비에 대한 부분이다. 나 또한 항상 식품을 구매할 때 한 번 더 고민하고 산다. 장을 볼 때는 한 번에 많은 음식을 구매하면 섭취 기한 내에 다 먹지 못해서 자취생들은 뜯지도 못한 재료들을 그대로 버리는 일들이 생긴다. 나도 예전에 그랬던 적이 많았다. 이런 부분들만 신경 써도 음식물쓰레기를 줄일 수 있다.

'집에 있는 음식'과 '먹고 싶은 것'을 적어 보면서 어떤 것들이 필요한지 리스트업을 하면 도움이 된다. 그리고 빨리 먹어야 하는 음식이 있다면 새로 장을 보지 말고 그것부터 먹도록 하자.

나는 혼자 살게 되면서 더욱 그렇긴 한데, 물건을 살 때 이것이 정말 필요한 물건인지 고민하고 나서 산다. 내가 오늘 구입한 물건이 언젠가는 쓰레기가 된다는 생각을 하면 단지 예쁘다고, 유행이라고, 갖고 싶다고 사게 되지 않는다. 이런 아주 사소한 행동들이 아무것도 아니라고 생각할 수도 있지만, 작은 것들이 모여 큰 것을 이루듯 오늘부터 해 보는 실천들이 분명 변화를 이끌 것이다.

오늘부터 식습관과 쇼핑에 대한 생각을 바꿔 보면 어떨까?

재활용 선별장 투어

2018년 쓰레기 대란을 겪고서야 우리나라 정부와 시민들이 쓰레기에 관심을 가지기 시작했다. 2018년엔 중국에서 쓰레기 수입을 금지하면서 전 세계 재활용 시스템이 큰 충격을 받았었다. 우리나라도 예외가 아니었는데 쓰레기 불법 방치 사태가 터졌고, 쓰레기 사태 긴급 토론회도 많이 열렸었다.

그때 나는 지지배를 막 만들어서 활동하던 상황이었다. 나도 쓰레기 사태를 해결할 수 있는 방안을 들어 보려고 그

토론회에 신청해서 갔다. 토론회에 참석한 사람들은 대부분 청소업에 종사하시는 나이가 지긋하신 어른들이셨는데, 어린 내가 참석한 것에 대해 신기해하셨다.

지지배를 막 만들어서 조금씩 활동하던 때라 열심히 강의를 들었다. 재활용품이나 분리배출에 대해 전문적인 이야기를 하실 땐 모르는 용어들이 나와 좀 어렵기도 했다. 그 분야 전문가들의 이야기를 듣다 보니 토론회 브리핑을 준비한 분들을 따로 만나서 재활용에 대한 이야기를 더 자세히 듣고 싶어졌고, 현장 상황이 어떤지 쓰레기장에도 가 보고 싶다는 생각을 했다.

긴급토론회 발제자들의 발제가 끝나고 마침내 질의응답 시간이 되었다. 나는 용기를 내서 자원순환에 대해 질문하고, 그동안 고민했던 것들을 물어 답변도 들었다. 그리고 이 날 지지배 동아리 이름을 넣은 명함을 드리며 발제자 분들께 인사했고, 지지배를 홍보했다. 역시, 홍보는 발로 뛸 때 가장 효과가 좋은 것 같다. 여덟 분에게 명함을 드렸는데, 그 중 한 분에게서 연락이 왔다. 양천구에서 재활용 쓰레기 선별장을 운영하시는 사장님이셨다.

사장님께서는 환경에 관심이 많은 나에게 재활용 선별장

을 보여 주겠다고 하셨고, 이야기하다 보니 견학 규모가 점점 커져서 청소년과 청년들 50명 정도를 모아서 오면 재활용 선별장 투어와 재활용 교육을 해 주겠다고 약속하셨다.

투어 계획을 세우기 위해 사전 답사한 재활용 쓰레기 선별장의 모습은 예상했던 것과 많이 달랐다. 솔직하게 말하면 재활용이라는 단어는 아예 빼야 할 만큼 재활용하기가 어려운 일회용품들이 대부분이었고, 너무 지저분하거나 여러 가지 재질(복합 재질)로 만들어져서 재활용이 곤란한 제품들이 마구 섞여 있었다.

그날 현장 답사를 하면서 분리배출 교육이 제대로 되어야겠다고 생각했고, 청소년과 청년 50명을 꼭 모아야겠다는 마음을 먹었다. 하지만 생각처럼 사람을 모으기가 쉽지 않았다. 아무리 새로운 형식의 견학이긴 해도 향기롭지도 않고 깨끗하지도 않은 곳을, 또한 재활용이나 분리배출에 대해 관심 있는 사람들도 적은데 재활용 쓰레기 선별장에 교육을 받으러 가는 것이기 때문에 이 견학을 좋아하는 사람이 별로 없었다.

그래서 참가자 신청을 수도권에 있는 사람들뿐만 아니라 전국으로 확대해서 받기로 하였다. 먼저 관심 있을 만한 지인들에게 홍보 포스터를 만들어서 보내고, 지지배 페이스북과 인스타그램을 활용해서 사람을 모으기 시작했다. 한 달 동안 55명 정도가 모였다.

전국 각지에서 참여 신청을 해 주셔서 너무 감사한 마음이 들었다. 사실은 재활용 분리배출에 대해 내가 궁금했고 내가 가고 싶어서 시작했는데 일이 커져 버린 것이다. 그래서 나는 참여해 준 사람들에게 작은 선물을 드리고 싶었다. 무얼 드리면 좋을까 고민하다가 협찬 받은 생분해 칫솔과 오이와 방울토마토 키우기 키트를 준비했다.

항상 느끼는 것이지만, 좋은 일에 동참해 주시고 협찬해 주시는 분들이 있어서 정말 힘이 난다. 원래 생분해 칫솔은 비용이 비싸서 엄두가 나지 않았었다. 그런데 우리가 선별장에 가서 진행하려는 활동에 대해서 설명하는 내용을 생분해 칫솔 사장님께 이메일과 페이스북으로 보냈더니 흔쾌히 협찬해 주고 싶다고 답신을 주셨다. 그때 너무 감사한 마음이 컸기에 지금도 사장님께 지지배 활동에 대해서 공유하고 연락을 드리고 있다.

그날 견학 참여자들은 선별장에서 스티로폼에 붙어 있던 테이프 뜯는 작업을 구경했다. 그렇게 모인 스티로폼들은 녹

재활용선별장

여서 다시 스티로폼으로 만들거나 액자틀 등으로 다양하게 만들어진다고 했다.

공장 전체에 대한 설명을 듣고 나서는 일하시는 분들과 함께 재활용품을 선별하는 작업까지 해 보았다. 재활용 조건에 맞게 쓰레기 선별(컨베이어 벨트 위에 쏟아 놓은 것들을 아주 빠른 속도로 병류, 플라스틱, 비닐 등으로 분류하는 작업)을 해 보니 실제로 재활용이 될 만한 물건들은 많이 없었다. 시민들이 재활용으로 분류해 버린 것들이 너무 더럽거나 또는 복합 재질이라서 재활용할 게 많지 않았던 것이다.

가령, 우리가 흔히 마시는 커피 전문점의 플라스틱 컵(커피 컵)은 재활용이 안 된다. 로고를 잉크로 새긴 컵은 재활용할 수 없고, 재질도 PET가 아닌 게 대부분이라서 거의 일반 쓰레기로 다시 버려진다.

이때가 초여름이어서 쓰레기 냄새가 정말 심했다. 코를 찌르는 악취였는데, 이 냄새를 매일 맡으면서 일하시는 분들이 계시기에 쓰레기가 쌓이지 않고 계속 처리되고 있는 것 같다.

작업장의 환경은 정말 열악했다. 일하시는 분들이 더위와 악취와 먼지로 너무나 고생하고 계셨다. 재활용차가 싣고 온 재활용품들을 재차 선별하는 작업(제대로 선별되어야 재활용업체가 수익이 생기는데 그렇지 않으면 쓰레기 처리 비용이 더 든다고 한다)을 하루 종일 서서 한다는데, 간혹 재활용품으로 들어온 것 중에 검은 비닐봉지에 싸인 것을 뜯어서 보면 끔찍한 것(고양이 사체)이 들어 있기도 해서 검은 비닐봉지를 보면 무서운 마음이 든다고 하셨다.

만약 그곳에 가 보지 않았다면 알 수 없었을 일들이었다. 함께한 참여자들 덕분에 나도 많은 것을 보고 배우며, 쓰레기 탐구를 본격적으로 시작할 수 있었다.

피켓 들고
음악 페스티벌

서울에는 여름이면 낭만적인 음악 페스티벌이 많이 열린다. 유명한 가수들의 노래를 들으며 한강 공원에서 힐링 하는 시간을 가지는데, 2018년에도 그 열기가 뜨거웠다. 음악을 좋아하는 나도 페스티벌에 갔다.

이런 페스티벌에 가면 항상 내 눈에 띄는 것이 행사의 마지막 모습이었다. 사람들이 빠져나간 공연장에는 사람 대신 쓰레기가 굴러다니고, 그나마 모아진 쓰레기들은 분리배출하지 않은 채로 그냥 쓰레기봉투에 꾹꾹 눌러 담아둔 상황들이 많았다. 그 모습을 볼 때마다 마음이 불편했다.

그러던 와중에 봉사활동을 찾아보다가, '뷰민라 콘서트'에서 쓰레기 분류 봉사활동을 한다고 해서 신청했다. 봉사도 하고 쉬는 시간엔 가수도 볼 수 있을 것 같아서였다.

뷰민라 콘서트는 야외 공연장에서 자유롭게 음식도 먹으면서 즐기는 여름 콘서트다 보니 이틀 내내 쓰레기가 넘쳐났다. 일회용 용기와 플라스틱 음료수병이 담긴 일반쓰레기 봉투가 산을 이룰 정도로 많이 쌓였다. 음식물쓰레기는 따로 모았는데, 그 양도 만만치 않았다. 음악 페스티벌이 주는 열기에 흥도 나고 기분이 좋긴 했지만, 행사 이후에 발생하는 쓰레기 문제는 정말 충격적이었다.

쓰레기 분리배출을 제대로 하시는 분들도 있었지만 안 하시는 분들도 많았다. 주최 측에서는 쓰레기통을 종류별로 다 배치해서 봉사자 한 사람당 한 쓰레기통씩을 맡아서 페스티벌에 참여하신 분들에게 안내를 하게 했다. 봉사자들은 음식물쓰레기는 다른 통에 버려달라고 안내하고, 플라스틱과 캔의 정확한 분리를 부탁드렸다.

분리배출 안내뿐만이 아니라 피켓을 들고 돌아다니면서

쓰레기 문제에 대해서 알리는 홍보 활동도 했다. 이번 봉사 활동을 통해서 쓰레기를 대량으로 배출하게 되는 행사장 내에서는 이렇게 캠페인 활동을 하는 것도 중요하고, 참여한 가수들이 환경 문제에 대해서 목소리를 내 주는 것도 필요하다는 생각이 들었다.

그래도 다행인 건, 요즘은 행사장에서 다회용기를 사용할 수 있도록 대여해 주는 업체가 생겼다는 거다. 물론 그것만으로 모든 문제가 해결되지는 않겠지만, 앞으로 이런 업체들과 협력해서 쓰레기가 점점 줄어든다면 마무리도 아름다운 공연이 될 수 있을 것 같다. 참여한 사람들에게 좋은 기억을 오래오래 남기는 진정한 공연문화가 만들어지면 좋겠다.

Q1. 내가 만약 행사를 만드는 기획팀장이라면, 행사장에서 생겨나는 쓰레기를 줄일 수 있는 방법이 있을까요?

(나만의 아이디어를 자유롭게 적어 보아요!)

1.
- -
2.
- -
3.
- -

Q2. 피켓을 들고 쓰레기 문제에 대해 알리는 홍보를 한다면 쓰고 싶은 문구는?

- -

- -

전국의 재활용 선별장을 가 보다

재활용품을 수거 날짜에 맞춰 분리해서 집 앞에 내놓으면 수거해 가시는 분이 아주 말끔하게 다 들고 가신다. 정말 감사하다. 그런데 한 번씩 그런 생각이 들 때가 있다.

'재활용품들이 제대로 재활용되고 있을까?'

2018년에 쓰레기 대란이 일어났을 때, 처음엔 평범한 뉴스로 생각하고 크게 관심을 안 가졌었는데 상황이 날로 심각해지자 관심도가 높아졌다. 뉴스에서는 매일 분리배출 물품이 가득 쌓인 아파트 관리실 앞의 모습을 보여 주었다. 수도권에 사는 사람들이 버리려고 내놓은 쓰레기가 몇날 며칠 집 앞에 산처럼 쌓여 있었다. 불만의 목소리가 터져 나오고 모두 불편해지니까 그제야 각계각층에서 쓰레기 문제에 대해서 관심을 가지기 시작했다. 당시에 언론 보도 내용을 듣고 있으면 쓰레기로 심각한 일이 곧 벌어질 것만 같아서 내 마음이 더 조급해졌었다. 그래서 혼자서라도 전국의 쓰레기 선별장, 소각장, 매립장 현장에 가 봐야겠다는 마음이 들었다. 어떤 과정에 문제가 있어서 이런 일이 벌어지는지 정말 궁금했고, 눈으로 현장을 보고 싶었다.

대중교통을 타고 각각의 장소를 가 보려고 했는데, 전혀 효율적이지 못했다. 대부분의 소각장, 매립장, 선별장들은 사람들이 거주하는 지역을 벗어난 외곽에 있었기 때문에 이동하려면 차량이 필요했다. 결국 자금이 필요하다는 생각에 이르렀다. 나는 서둘러 기획안과 제안서를 작성했다. 여태까지 기획안이나 제안서라는 걸 작성해 본 적이 없었기 때문에 내 방식대로 생각나는 대로 만들었다.

현장 답사를 위한 자금을 어떻게 구할지 고민하던 중에 다행스럽게도 한 천사 같은 분을 만났는데, 지지배 활동에 큰 관심을 가져 주셨다. 그래서 그분에게 소각장, 매립장, 선별장을 가려고 하는데 자금이 필요하다고 말씀 드렸고, 내친 김에 기획안도 전달했다.

그로부터 일주일이 지나서, 100만 원을 후원해 주시겠다는 연락을 받았다. 대신, 전국을 다니고 나서 결과 보고서를 달라고 하셨다. 100만 원으로 전국을 다니기에는 너무 부족해서 걱정이 되었지만 일단 시작이 반이라고, 운전할 수 있는 친구 한 명과 함께 서울, 대구, 부산, 광주, 울산, 대전, 강원도, 경기도 지역을 다녔다.

각 지역에 있는 재활용 선별장과 매립지를 검색해서 찾아 그 업체 사장님의 동의를 구한 다음 날짜를 잡고 방문하는 형식이었다. 친구와 가기도 하고, 부모님과 가기도 하고, 가 보고 싶어 하는 사람을 섭외해서 가기도 하는 등 다양한 방식으로 거의 한 달을 다녔다.

울산에 있는 재활용 선별장을 갔을 때의 일이다. 미리 연락을 드리고 간 터라 그곳 선별장 대표님께서 반갑게 맞아 주셨다. 울산 지역에서 버려지는 재활용품들이 그곳에서 선별되고 재활용되어 원료 공장으로 보내지고 있었다.

대표님께서는 재활용이 완벽하게 되면 좋겠지만 현실적으로 재활용품의 70~80퍼센트 정도가 소각장으로 갈 수밖에 없다고 하셨다. 주민들이 쓰레기 분리배출을 열심히 하고는 있지만 생활용품 종류가 너무나 여러 가지이고, 또 다양한 재질로 만들어져 있어서 재활용이 어렵다는 거였다. 기업들이 제품을 생산할 때 포장 용기를 재활용할 수 있는 형태로 만들기 위해 많은 고민과 노력을 해야 한다고 생각한다.

대표님은 20~30퍼센트 정도밖에 안 되는 재활용률을 조금이라도 더 높이기 위해 주민 대상용 분리배출 교육 책자까지 자체 제작하셔서 많은 사람을 교육하려고 노력 중이셨다. 나에게도 책자를 주셨는데 대표님의 마음이 느껴졌다. 뭔가 뭉클해져서 나도 모르게 눈물이 핑 돌았다. 그동안 활동하면서 주민 대상 교육 자료를 만들 수 있으면 좋겠다 하고 막연하게만 생각했었는데 여기 대표님께서는 이미 실천하고 계셨던 거다. 재활용 선별장이라는 곳을 운영하면 너무나 할 일이 많아서 바쁘고 피곤하실 것이다. 하루도 쉬지 않고 일회용품을 배출하고 있으니 말이다. 그런데도 이렇게나 열정을 가지고 계시다니!

대표님은 쓰레기 재활용 선별장이라는 곳이 일반인들에

게 오픈하기 어려운 곳이라고 말씀하셨다. 작업 현장이라서 안전사고의 위험이 있기도 하고, 냄새도 많이 나서 더럽다는 인식 때문에 그 지역 땅값이 떨어질 수도 있어서 오픈이 쉽지 않다는 거였다. 그러면서도 대표님께서는 이런 심각한 실태를 한 사람이라도 더 알아야 된다고 하시면서 작업장을 아무 영향력 없는 나에게 오픈해 주신 거였다.

그리고 내가 서울에서부터 전국으로 쓰레기 선별장을 찾아다니고 있다고 말씀드렸더니, 선뜻 100만 원을 후원해 주셨다. 그래서 또 한 분의 천사 덕분에 나머지 지역들까지 다닐 수 있었다. 나의 진심과 목표를 전달하고 상상도 못한 후원을 받게 되어서 너무나 기뻤다.

괴산 지역에 갔을 땐, 외국인 노동자분들이 선별한 플라스틱 쓰레기들을 녹여 그것을 틀에 맞춰 하수도 배관을 만들고 계신 모습을 보았다. 재활용 쓰레기가 상품으로 변하는 것이 신기했다. 그리고 철을 재활용하는 곳도 가 보았다. 다니면서 점점 일이 커져 일정에 없었던 음식물 처리장에도 갔었다. 그곳에서 일하시는 분의 말씀으로는 우리가 배출한 음식물쓰레기에 음식물이 아닌 다른 딱딱한 것들이 들어가 있어서 기계가 고장날 때가 많다고 했다.

특히 한국 음식은 염분과 수분이 많아서 음식물쓰레기를 재활용하기 굉장히 어렵다고 한다. 그래서 최대한 양념을 다 짜고 버려 주기를 부탁하셨다.

경기도 고양시에 있는 소각장을 방문했을 때는 쓰레기들이 너무 많아서 다 태우지 못하고 쌓여 있는 현장을 보고, 쓰레기를 정말 많이 줄여야겠다는 생각을 절실하게 했다.

그 소각장에 가장 많았던 쓰레기는 비닐 종류였다. 엄청나게 큰 비닐들이 대롱대롱 매달려 있었다. 우리가 평소에 사용하는 비닐들과는 차원이 달랐는데, 다양한 곳에서 폐비닐들이 소각장으로 들어온 것이었다.

경북 영주의 인근 매립장에도 방문했는데, 여러 대의 차들이 왔다 갔다 하면서 쓰레기들을 버리고 있었다. 그곳은 매립장이기에 원래는 쓰레기들이 땅에 묻혀 있어야 하는데 높다랗게 쌓여 있었다. 들어오는 쓰레기의 양이 너무 많아 처리가 늦어져 그렇다고 했다. 더욱 염려스러웠던 점은 영주의 매립장이 벌써 포화 상태에 이르러 문을 닫을 수도 있다는 것이었다.

'매립장이 문을 닫으면 날마다 배출되는 쓰레기는 도대체 어디로 갈까?'

현장을 방문하고 나서 오히려 시름이 깊어졌다.

그렇게 더운 여름 한 달 동안 전국의 쓰레기장을 찾아다니며 분리배출에 대한 중요성과 자원순환이 반드시 이루어져야 한다는 점을 다시금 눈으로 보고 체험했다. 또한 쓰레기 문제도 탄소 배출과 밀접한 연관이 있다는 것을 직접 찾아다니면서 더 깊게 알게 되었다.

우리가 버린 쓰레기의 최종 종착지를 확인하면서 최고의 대안은 '소비를 줄이는 것'이라는 결론을 얻었다. 그동안 국가와 기업이 대량 생산이나 최고 품질에만 초점을 맞추었다면 앞으로는 소비 단계 관리가 절실히 필요하다.

Q. 오늘부터 실천 가능한 나만의 쓰레기 줄이기 방법은?

녹즙 알바

청소 아르바이트 후 새롭게 구한 아르바이트는 녹즙 배달 아르바이트였다. 배달만 하는 것이 아니라 녹즙 판매를 위해 홍보 책자를 돌리고, 신규 회원을 모집하고, 고객님이 안 드셔서 상한 녹즙은 수거해야 했다.

첫날엔 일을 배우느라 정신없이 다녔다. 아침부터 점심까지 200개 이상의 녹즙을 배달하면서 고객 관리를 위해 미소 짓는 일이 만만치 않았다. 내가 일한 회사는 풀무원 녹즙이었다. 신뢰가 가는 회사여서 그런지 많은 분들이 아침마다 건강을 위해 녹즙을 드셨다. 하루 종일 콘크리트 건물 안에서 스트레스를 받으며 일하는 도시 직장인들에게 초록의 건강 음료가 힐링을 주는 것 같았다. 녹즙병은 재활용이 쉽도록 식음료 업계에서는 드물게 라벨(상품명을 인쇄하여 상품에 붙인 부분)에 절취선이 있었다. 그래서 고객님이 녹즙통을 버릴 때 깨끗하게 씻고 라벨을 편하게 뜯을 수 있었다(제조사의 이런 노력이 정말 중요하다).

나는 일하는 동안 항상 물건을 판매하기 위해 홍보 전단지와 제품을 시음해 볼 수 있도록 빨대와 비닐을 가지고 다녀야 했는데, 이 또한 쓰레기가 만들어질 수밖에 없는 환경이었다. 이때의 경험은 쓰레기 배출이 별일 아닌 상황에서 얼마나 쉽게 수시로 일어나는지를 알 수 있는 시간이었다.

내가 환경에 관심이 많아서 활동하러 다닌다는 것을 녹즙 대리점 사장님께서도 잘 알고 계셨다. 그래서 환경 관련 컨퍼런스가 있거나 중요한 일정이 있어서 일을 못하게 될 땐 배려를 해 주셨는데, 지금 생각해 보면 주변 사람들에게 정말 도움을 많이 받았던 것 같다. 지금도 여러 분들의 도움으로 계속 환경운동을 하고 있으니 말이다.

개인적인 사정으로 약속했던 녹즙 알바 기간을 다 채우지 못하고 그만두었지만, 사장님의 배려로 가끔씩 녹즙 배달하시는 여사님들의 모임에 초대받아 분리배출의 중요성을 이야기하거나 녹즙에 붙어 있는 라벨을 제거하고 배출해 달라고 안내하는 활동을 했다. 그리고 아르바이트가 끝날 때쯤에 사장님께 라벨 개선이 필요하다고 말씀드렸더니 그 부분에 대해 매우 공감해 주셨다. 늘 응원해 주신 사장님께는 지금도 연락드리고 활동을 공유하고 있다.

세상에 멋진 어른들이 계셔서 잘 배우면서 성장할 수 있는 것 같다.

환경 유튜브,
지지배

지지배 활동을 시작하면서 나는 혼자서 분리배출 홍보 콘텐츠 제작, 오프라인 환경 부스 활동, 올바른 분리배출 교육 안내 등 여기저기 뛰어다니는 활동을 많이 했다.

오프라인에서 환경 부스를 만들어 활동할 경우엔 재활용 선별 작업을 해 보는 체험 활동이 포함되어 있어서 미리 준비한 재활용품을 들고 다녔다. 현장에서 재활용품을 구할 수 없는 상황이 대부분이라 미리 재활용품을 모아 씻어서 행사장에 들고 갔다. 많은 사람이 체험할 수 있도록 넉넉히 준비를 해야 하다 보니 항상 짐이 너무 많았다. 행사 때마다 그 짐들을 날라야 해서 차량을 렌트해서 다녔다. 그 덕분에 지금은 운전 실력이 엄청 늘었다.

그런데 어느 순간 많은 준비물을 들고 다니면서 한계가 느껴졌다. 시간과 공간의 제약이 있다 보니 일회성 행사로 끝나는 경우가 많았고, 체험 활동의 다양성에서도 한계가 있었다. 또한 활동에 쓰고 챙겨 온 재활용품이 집에 가득 쌓여 가는 것도 문제였다.

그래서 고민했다. 여기저기 많이 찾아다니지 않아도 되고 많은 사람에게 알릴 수 있는 방법이 무엇일까 하고 말이다. 그래서 유튜브를 해 보기로 결정했다. 그러면 시간과 공간의 제약 없이 누구나 시청할 수 있기 때문에 내가 전하고자 하는 메시지를 잘 알릴 수 있겠다는 생각이 들었다.

유튜브를 잘하는 친구의 도움으로 어설프게 시작했다. 처음부터 잘하는 사람이 어딨냐며 좀 어설퍼도 괜찮다고들 했지만, 카메라를 켜는 순간 모든 말과 행동에 책임을 져야 하고 어쨌든 나는 환경에 관한 바른 정보를 제공해야 하는 입장이라 스트레스가 꽤 많았다. 대상이 눈에 보이지 않는 상태에서 카메라 앞에서 혼자 계속 말하고 행동하는 것도 굉장히 어색하고 힘들었다. 꾸준히 새로운 영상을 올려야 하고 매일 콘텐츠를 만들어야 하기에 계속 고민하고 관련 공부도 열심히 해야 했다.

유튜브가 실버 버튼을 받을 정도로 사람들에게 알려지고 성공하려면 기획부터 촬영 편집까지 모두가 하나의 기획으로 잘 연결돼야 하는데, 지구를 살리자는 의미를 담은 콘텐츠들을 우선 모아야겠다는 생각으로 시작해서 그런지 지금 되돌아보면 영상물의 내용이 좀 뒤죽박죽이긴 하다. 친환경 제품 리뷰, 환경 교육 영상, 브이로그, 뮤직비디오, 패러디 등등 다양한 형태로 영상들을 만들고 있다. 그 결과 6년째 유튜브를 하고 있지만 아직 구독자가 1500명 정도이다. 그래서 요즘은 어떻게 하면 환경 콘텐츠로 인기 유튜버가 될 수 있을지가 나의 최대 고민이다. 하하하.

그래도 다행인 점은, 시간이 흐르다 보니 영상이 제법 쌓이면서 조금씩 정체성을 찾아가는 중이라는 거다. 유튜브 라이브도 여러 번 해 봤다. 한 시간 방송을 위해 하루 종일 준비했는데, 하면 할수록 시청자와 소통할 수 있는 능력을 갖추기가 정말 쉽지 않구나 하는 생각이 들었다.

현재는 '지지배'에서 '청년환경운동가 홍다경'으로 채널 이름을 변경해서 환경 문제를 대하는 나의 솔직한 일상 모습을 담고, 해결하기 위해 돌아다니며 노력하는 영상들을 담고 있다. 유튜브로 전하는 다양한 활동들에 지속적인 관심을 가져 주시기를 기대해 본다.

'청년환경운동가 홍다경' 유튜브 '구독'과 '좋아요'는 활동에 아주 큰 힘이 됩니다!

쓰레기 줍기
국가대표 선수

~~~

뜨거운 여름, 모임문화 플랫폼인 온오프믹스 어플과 페이스북에서 요즘 할 만한 활동을 찾던 중에 재미있는 것을 발견했다. 포스터의 내용이 '쓰레기 줍기 국가대표 선수'를 뽑는다는 것이었다.

'쓰레기 줍기라면 난데!'라는 생각이 들면서 무척 관심이 생겼다. 올림픽 종목에 '쓰레기 줍기'가 있다는 것 자체가 너무 흥미로웠다. 쓰레기 줍기 스포츠는 다양한 쓰레기를 정해진 시간 안에 주워서 종류별로 점수를 합산한 다음 우승팀을 결정하는 경기였다. 이 쓰레기 줍기 경기가 2020년 도쿄 올림픽 비공식 종목으로 채택되어 여러 지역에서 열리는 예선을 통과하고 한국 대회 결선에서 1등을 하면 도쿄 올림픽 진출권을 받을 수 있다는 것이었다. 특별한 도전이다 싶어서 바로 지원서를 작성했다.

예선 경기가 동해 바닷가에서 열렸다. 서울에서 너무 멀었지만 불타오르는 도전정신으로 새벽 고속버스를 타고 산 넘고 물 건너 5시간을 달려서 현장에 도착했다.

나는 온라인으로 신청해서 갔는데 해변에 있는 사람들 중에는 즉석에서 신청해서 참여하기도 했다. 4명이 한 팀이 되어 제한 시간 동안 쓰레기를 많이 주워서 무게를 재고 종류별로 포인트 점수를 매겨 우승을 가리는 방식이라고 다시 한번 설명을 들었다.

쓰레기 줍기라는 아주 특별한 종목에 혹해 팀 경기라는 것은 생각지도 못하고 혼자 갔는데 팀으로 참여해야 된다고 해서 난감했다. 마침 옆에 대학교 교수라고 자신을 소개하신 분과 학생들 2명이 있었다. 같이 한 팀으로 시합에 나가자고 해 주셨다. 먼저 손을 내밀어 주셔서 다행이었다.

사회자의 진행 멘트와 함께 총성이 '탕' 울리자 사람들은 여기저기로 뛰며 쓰레기를 줍기 시작했다. 확실히 사람이 많은 해수욕장에 쓰레기도 많았다. 원래 이렇게 많았나 싶을 정도였다. 이날 참여한 사람이 50명쯤 되었는데 즉석에서 팀을 이룬 우리 팀은 서로 센스 있게 움직였다. 교수님과 학생들은 알고 보니 체대생들이었다. 나에겐 행운이었다. 도쿄 올림픽에 갈 수도 있겠다는 기대감이 생겼고, 전력을 다해 쓰레기 줍기를 했다.

　　우리 팀원 중 한 남자분은 먼 곳에 버려져 있던 이불을 가지고 왔다. 해변에서 상상도 못할 이불 쓰레기까지 주울 줄이야! 우리 팀은 처음 본 사이인데도 팀워크가 좋았다. 내가 플라스틱을 주우면, 다른 팀원은 부피가 큰 쓰레기들을 주워 와서 쓰레기봉투가 금세 가득 찼다.

　　쓰레기 줍기 스포츠 대회의 룰은 담배꽁초 10점, 페트병 몇 점, 이렇게 쓰레기마다 점수가 매겨져 있었다. 그 중에 가장 높은 점수의 쓰레기는 담배꽁초였다. 우리 팀은 담배꽁초 외에도 부피가 크고 작은 다양한 쓰레기를 많이 주웠다. 시간 안에 못 들어가면 실격 처리라서 시간을 체크하며 즐겁게 주웠다.

어느덧 경기 시간 1시간이 끝나고 주운 쓰레기를 측정하는 시간이 되었다. 다른 팀들도 나름대로 쓰레기를 정말 많이 주워 왔다. 어떤 팀은 점수가 제일 높은 담배꽁초만 봉지 가득 주워 왔는데, 마음속으로 저 팀이 우승하겠다 싶었다.

그런데 이게 무슨 일! 사회자가 우리 팀을 우승팀으로 불렀다. 점수가 높은 한 종류만 줍는 것보다는 다양하게 줍는 게 승리의 포인트였던 거다. 우승 상품으로 선크림과 한국 선수단 결승 진출권을 받았다. 결승전에서도 우승하고 도쿄 올림픽에 나간다고 상상하니까 너무 신났다.

우리 팀은 기념으로 함께 사진도 찍고 각자 지역에서 쓰레기 줍기를 열심히 연습하자고 약속했다. 시원한 동해 바다에서 놀고 싶은 마음이 간절했지만 집으로 돌아가야 할 길이 너무 멀어 아쉬움을 뒤로 하고 서둘러 터미널로 향했다. 우승하고 가는 길이어서 그런지 뿌듯하고 신이 났다. 내가 국가대표 선발전 결승 진출권까지 받다니!

만약 한국 결승전에서 우승하면 일본에서 열리는 도쿄올림픽 이동 비행기표를 지원받을 수 있다고 해서 더 설렜다. 집에 와서 며칠 동안은 어떻게 하면 쓰레기를 많이 주울 수 있을지에 대한 고민에 빠졌다.

2020년 2월쯤에 한국 선수 선발전 결승을 한다고 해서 6개월 동안 차근차근 연습도 하고 체력도 열심히 길렀다. 그런데 갑자기 결승전이 취소되었다는 소식을 듣게 되었다. 코로나19로 도쿄올림픽이 연기되는 상황이었던 거다.

코로나19 바이러스가 전 세계를 위협하고 사람들의 이동이 줄어들면서 2년여 동안 지구 환경은 좀 좋아졌다고 한다. 환경오염의 주범이 인간이었다는 게 확실해진 거다.

코로나19로 올림픽에서 쓰레기 줍기(비공식 종목)가 열리지 못해서 아쉽지만 일상에서 자주 재미있는 방식으로 누구나 참여할 수 있는 쓰레기 줍기 행사가 열렸으면 좋겠다.

플로깅하다가
앞니가 사라졌다

~~~

　앞니가 날아간 일이 있었다. 슬픈 이야기는 아니다. 살다 보면 그럴 수도 있다고 생각한다. '플로깅'이라는 환경운동을 환경 단체에서도 많이 시작했던 된 때가 2018년도였다. 나와 함께 환경운동을 하는 친구 경임이는 필리핀에서 유학한 경험 덕분에 영어를 잘해서 주변에 외국인 친구들이 많은데, 사비를 들여 외국인 친구들과 함께 플로깅을 한다며 나에게도 함께하자고 했다.

홍대 길거리에서 진행한다기에 참석해 보니 외국인 친구들이 정말 많이 와서 놀랐다. 처음엔 말이 안 통할까 봐 걱정했는데 다행히 외국인 친구들이 한국말을 아주 잘했다. 굳이 보디랭귀지를 쓰지 않아도 되어서 정말 감사했다.

홍대 거리에는 사람들만큼이나 쓰레기가 많았다. 대표 쓰레기는 담배꽁초였다. 여름이어서 테이크아웃 컵들도 정말 많이 버려져 있었다. 외국인 친구들도 주우면서 놀라워했다. 끝마칠 시간이 다 되어서 쓰레기 줍기를 멈추고 출발 지점으로 다시 가야 했다. 더 줍고 싶었지만, 플로깅은 정해진 시간까지 마치는 것도 매우 중요하다. 여러 명이 함께할 때는 이것도 하나의 약속이고 문화다.

우리는 서로 주워온 쓰레기들을 모아 놓고 홍대에서 나온 쓰레기 중에 가장 많이 나온 것이 무엇인지 살펴보았다. 역시나 담배꽁초와 테이크아웃 컵이 가장 많았고, 그날은 우산, 밀대, 계란 판까지 정말 다양하게 주웠다. 홍대 거리에 이런 것들이 왜 버려져 있나 싶었다.

마지막으로 외국인 친구들과의 훈훈한 장면을 영상으로 담아 두기 위해 쓰레기 줍기에 대해 이야기하는 모습을 스마트폰으로 찍었다. 심지어 이날은 KBS에서 운영하는 유튜브 채널의 케이야 감독님도 오셔서 함께 촬영 중이라 모두 조금은 들떠 있었다. 나도 방송 출연에 많이 설렜던 것 같다.

나는 내 스마트폰 화면만 보면서 움직이며 촬영하느라 앞에 큰 방지턱이 있는 줄도 모르고 걷다가 그만 우당탕탕 넘어졌다. 앞으로 몸이 기울었고 앞니가 땅과 맞닿아 버렸다. 입에서 붉은 피가 뚝뚝 흘렀다. 오른쪽 앞니가 반이나 날아가 버린 거다. 너무 아프기도 하고, 많은 사람들 앞이라 부끄러워서 그냥 주저앉아 고개를 숙였다. 이가 부러졌을 때 부러진 이를 찾아서 들고 가면 치과에서 붙여 준다는데 나는 정신이 없어서 찾을 생각도 못하고 누군가가 불러 준 119 구급차를 타고 병원으로 향했다.

실려 가는 동안 매우 불안했다. 앞니가 없는 나… 앞으로 앞니를 아예 사용하지 못하는 것은 아닌지 별별 걱정이 다 되었다. 병원에 도착했을 땐 다행히 피가 멈춰 있었다. 다음부터 더 정신 차려야겠다고 반성하는 계기가 되었다. 다행히 부러진 앞니는 모조 치아로 대치하고 치료를 잘해서 나의 이처럼 사용하고 있다.

플로깅할 때 가장 중요한 것은 뭐니뭐니 해도 안전이다!

쓰레기 없는
쓰레기 파티

대부분의 경우 행사를 하게 되면 사전 준비에만 집중하지, 행사 후에 생기는 쓰레기에 대해서는 아무도 고민하지 않는다. 행사 끝에 나온 쓰레기는 그 양이 어마어마한데도 바쁘다는 핑계로 분리하지 않고 한꺼번에 다 같이 섞어서 버리는 경우가 많다. 그래서 언젠가부터 나는 '쓰레기 없는 행사'를 만들어 보고 싶다는 생각을 하게 되었다.

쓰레기를 제로화(Zero. 0)한다는 목표로 기획서를 써 보았는데 역시나 무리겠다라는 생각이 들었다. 그래서 쓰레기 배출을 최소화하겠다고 목표를 수정하고, 이 파티를 함께 잘 만들어 갈 친구들을 찾기 시작했다.

함께 해 보겠다는 친구들이 모여지자 곧바로 기획팀, 디자인팀, 홍보팀, 촬영팀, 부스 운영팀, 먹거리팀, 전시팀을 짰다. 초기 준비금이 필요했는데, 이 시기에 나는 아르바이트를 하고 있는 것이 없어서 경제적으로 매우 열악한 상태였다. 머릿속의 기획만으로는 되는 게 아니기 때문에 행사를 진행하기 위한 비용과 당장 필요한 생활비를 마련하는 게 우선이었다. 곧바로 아르바이트 자리를 알아보기 시작했고, 단기로 시식 코너 아르바이트를 찾았다.

이마트에서 진행하는 쿠키 시식 코너와 롯데마트의 와인 판매 아르바이트를 구했다. 큰 행사에 대한 책임감 때문인지 아르바이트와 행사 준비를 겸하면서도 힘든 줄 몰랐다. 일을 하고 오면 곧바로 저녁에는 '쓰레기 없는 쓰레기 파티' 행사를 준비해야 했고, 후원팀과도 논의하며 돈 모을 방법을 궁리했다. 그 방법 중의 하나로, 다회용 텀블러에 '쓰레기 없는 쓰레기 파티' 문구를 새겨서 후원을 겸한 판매를 하기로 했다. 와디즈와 같은 펀딩 플랫폼에 올릴 시간 여유가 없어서 지인들에게 행사의 취지를 설명하고 후원을 요청했다. 그 결과 150만 원 정도가 모아졌다.

하지만 그 금액으로는 턱없이 부족했다. 행사까지는 약 3개월이 남은 상황, 우왕좌왕하며 걱정으로 날밤을 세우다가 갑자기 내가 다니고 있던 글로벌 사이버대학교 이승헌 총장님이 생각나 편지를 써서 후원을 부탁드렸는데, 다행히 기꺼이 응해 주셨다. 또한 내가 다녔던 대안학교에도 편지를 써서 후원을 부탁드렸다. 그동안 응원해 주셨던 분들뿐만 아니라 친구들, 언니, 오빠, 동생들에게도 후원을 요청했다. 돈으로 도와주기 어려운 분들은 물품 지원이나 홍보를 적극적으로 해 주셨다. 그런데도 필요 예산을 정산했더니, 총 필요 금액에서 200만 원 정도가 부족했다.

그때, 시기도 딱 맞게 서울시에서 올바른 분리배출 교육을 하는 사업 공모가 있었는데, 그 사업비가 200만 원짜리였다. '2018년 서울환경교육한마당'이라는 시민들을 대상으로 환경 교육 활동을 하는 행사였는데, 쓰레기 없는 행사를 하라는 하늘의 뜻이었는지 운 좋게도 지지배가 그 사업을 따냈다. 광화문광장에서 이틀 정도 진행된 이 행사에 시민 600명이 지지배 부스에서 체험을 하고 가셨다. 우리는 이 축제 부스 운영비를 최대한 아껴서 쓰레기 파티에 사용할 수 있었다.

그래도 부족한 비용 마련을 위해 100여 곳의 기업에 쓰레기 파티에 대한 스폰 요청을 했다. 정성이 담긴 편지와 기획안을 보냈는데, 슬프게도 답변은 오지 않았다.

쓰레기 파티 자금을 모으는 수개월 내내 굉장히 힘들었다. 그런데 모인 돈이 빠져나가는 건 정말 눈 깜빡하는 사이였다. 행사 준비로 돈을 지출해야 할 때는 어느 때보다 신중하고 예민해져서 가슴이 콱 막히는 느낌이 들었다. 그때 스탭이 100명 정도였는데, 그들의 마음을 헤아리기보다는 최대한 돈을 아껴서 사용하는 것에 더 신경을 썼었다.

그러다 보니 쓰레기 파티를 함께 준비했던 친구 중 몇몇은 행사가 끝나고 나에게 강력한 피드백을 남기고 떠난 친구도 있었다. 다시는 나와 일하고 싶지 않다고 말한 친구도 있었다고 들었다. 그땐 이십 대 초반이라 어렸고, 사회 경험도 부족하다 보니 함께하는 사람들의 고생스러움을 잘 알아주지 못했던 것 같다. 고맙다고, 고생한다고, 미안하다고 말하지 않아도 이해해 주겠지 하는 게 있었나 보다. "돈을 쓸 데는 써야 한다"는 말이 무슨 뜻인지 나중에야 알게 되었다. 그러한 시간이 발판이 되어서 지금의 내가 있는 것 같다.

그때 예산이 빠듯하기도 했지만 내가 악착같이 돈을 아꼈던 이유는 따로 있었다. 사실 마음속으로 쓰레기 파티 시즌 1을 끝내고 나서 시즌 2를 열고 싶었다. 지속 가능한 행사를 열어야만 사람들의 생각과 인식을 변화시킬 수 있다고 생각했던 거다.

그래서 행사 장소도 최대한 저렴하게 할 수 있는 방법을 고민하다가, 서울시에서 공간을 대여해 주는 곳이 있다고 해서 알아보기로 했다. 은평구에 있는 서울 혁신파크에 찾아가서 우리의 현재 상황을 말씀드렸다. 담당자분은 좋은 취지에 공감하시며 도와주려 노력하셨고, 행사 때 다른 단체들과 협업할 수 있도록 연결망의 역할까지도 더불어서 해 주셨다.

우리는 쓰레기 파티 현장 사전답사와 공간 대여에 대한 부분을 논의하기 위해 10회 정도 더 찾아갔다. 그 결과 저렴한 가격으로 2개의 층을 모두 사용할 수 있었고, 우리가 기대했던 것보다 장소가 넓었기에 좀 더 욕심을 부렸다. 참가자를 100명 추가로 모집하고, 행사를 운영하기 위한 팀 부서도 늘려서 총 9개로 팀을 재편성했다. 촬영팀, 기획팀, 먹거리 부스팀, 부스 운영팀, 무대팀, 홍보팀, 퍼레이드팀, 게임팀, 전시팀이었다.

스텝 100명이 한 번 만나는 데엔 큰 지출이 필요했다. 그것도 부담이어서 나는 스카이프(SKYPE)라는 온라인 화상 회의 시스템을 이용했다. 코로나19 이후로 비대면 회의가 일상이 되어 최근엔 그 어플을 사용하는 사람들이 많지만, 그때만 해도 좀 생소한 방법이었는데, 비용 절감을 위해 선택했다. 4개월 동안 90회 정도 화상 회의를 팀별로 했는데, 그렇게까지 많이 회의를 한 건, 태어나서 처음으로 해 보는 대규모 행사를 실수하지 않고 잘 해내고 싶은 욕심 때문이었다.

쓰레기 없는 쓰레기 파티에서는 재활용 쓰레기를 이용해서 만든 작품들도 전시했다. 버려지는 화장품 통을 이용해서 만든 것도 있고, 버려지는 전깃줄을 가지고 작품을 만들기도 했다. 전국에서 마스크팩을 후원받아서 보물찾기 게임에 활용하기도 했다. 스텝들이 각자 집에서 모아 온 페트병으로 볼링 게임도 진행하고, 페트병을 분쇄해서 재활용할 수 있도록 원료를 만드는 부스 활동도 진행했다.

나도 이때 행사에 사용하기 위해 쓰레기를 모았는데, 자취생이었던지라 쓰레기를 모아 둘 공간이 없어서 쓰레기와 한 방에서 한 달을 보냈던 기억이 있다. 지금 생각하면 너무 웃긴데, 누울 공간이 없어서 앉아서 자기도 했다.

외부 단체에서도 많이 도와주었는데, 그 단체 중에는 지금도 소통하며 협업하는 곳이 있다. 한 단체는 제주도의 바닷속 쓰레기 문제를 알리고자, 제주도에서부터 서울까지 사진을 항공 우편으로 보내 주어서 전시회에서 잘 사용할 수 있었다. 또한 부스 운영비를 지원해드리지 못했는데도 자원봉사 차원으로 오셔서 부스 운영을 도와주신 분들도 계셨다.

공연팀에서는 싱어송라이터 가수와 한국의 얼을 알리는 단체의 도움을 받아 무대를 꾸몄다. 재활용한 노구토 난타 공연까지 해 주었고, 음악 하는 단체가 와서 댄스와 노래로 무대를 멋지게 만들어 주기도 했다.

먹거리팀에서는 일회용 접시 대신 뻥튀기를 접시처럼 사용해서 음식을 판매하기로 했다. 스텝들은 먼저 와서 함께 파티 현장을 세팅하고 꾸며야 했다. 그래서 행사 첫날엔 스텝을 위한 아침 식사 준비가 필요했는데, 배달 음식을 시키면 쓰레기가 너무 많이 나오니까 대구에 계신 부모님과 행사의 부책임을 맡았던 친구의 부모님이 오셔서 현장에서 떡국을 끓여 주셨다.

우리 모두는 쓰레기 없는 쓰레기 파티를 많은 사람에게 알려서 쓰레기 문제를 세상에 전하고 싶은 마음이 간절했다.

그래서 잡지사와 신문사 기자들에게 메일을 100여 개 넘게 보냈지만 연락이 오지 않았다. 그런데 때마침 KBS 방송국의 〈김영철의 동네 한 바퀴〉라는 프로그램이 서울 혁신파크를 취재하러 온다고 해서 짧게나마 전국으로 방송되긴 했다.

지방에 있는 어느 고등학교 선생님께서는 쓰레기 없는 쓰레기 파티의 기획과 방법이 좋아서, 학교에서도 진행하고 싶다고 연락을 주셨다. 쓰레기 문제에 대해 학생들과 이야기하다 보면 잔소리 또는 지적인 논의로만 그치는 것 같은 느낌을 받곤 하는데, '쓰레기 파티'라는 단어와 독특한 아이디어가 돋보여서 학생들과 함께 해 보고 싶다는 거였다. 그 고등학교에서는 그해에 미니 쓰레기 파티가 진행되었다.

지금 생각해 보면 손님을 초대하면서 쓰레기 없이 큰 행사를 한다는 게 사실 불가능한 미션이다. 실제로 해 보니 비용을 최소한으로 아끼면서 쓰레기 배출을 하지 않아야 하는 과정이 정말 힘들었다. 그렇다 보니 스텝들에게 줄 간식을 집에서 가져간 삶은 감자와 귤로 해결한 적도 있었다. 지금 돌아보면 리더로서 너무했나 싶고, 열심히 일한 친구들에게 미안하기도 하다.

1박 2일의 쓰레기 없는 쓰레기 파티는 총 200분이 참석

하셨고, 스텝들이 100명이어서 쓰레기가 많이 나오면 어쩌나 걱정했는데, 50L 종량제 봉투 1개만 나왔다. 성공이었다.

앞으로도 계속 많은 사람과 함께 환경운동을 해야 하는데 나는 어떤 선택과 집중을 해야 할지 늘 고민이다.

삼성 임직원 6천 명을
교육하다니!

어느 날 지지배 인스타그램 DM으로 광고 회사한테서 연락이 왔다. 광고 회사에서 나와 소통할 게 뭐가 있을까 생각했는데 예상치도 못한 제안을 받았다. 삼성 임직원들의 가족들을 대상으로 진행되는 5월 5일 어린이날 특별 행사에서 어린이들을 위한 환경 부스를 운영해달라는 거였다.

우리나라 최고의 회사에서 우리를 초대하다니! 이런 일은 처음이어서 몹시 설레었다. 곧바로 하겠다고 답신을 보냈다. 새로운 경험을 좋아하는 나는 일단 해 보고 싶었다. 담당자와 이야기를 몇 차례 나누면서 어떻게 교육을 진행하는 것이 좋은지, 어떤 내용으로 할지 틀을 조금씩 잡아 나가기 시작했다. 삼성 임직원 가족 6천 명, 이전과는 비교할 수 없을 정도로 많은 사람을 만나는 부스 운영이었다.

나의 계획은 이랬다. 사람들에게 올바른 쓰레기 분리배출에 대해서 간단하게 교육하고, 그 내용을 게임으로 만들어서 전달해야겠다는 생각이었다.

해외의 참고 자료들을 조사하며 아이디어를 얻었다. 아이들에게는 분리배출 하는 방법을 시간별 클래스로 알려 주고, 페트병 라벨은 뜯고 우유팩은 접어서 농구 골대에 던져 넣는 게임을 제작했다. 미션을 잘 수행한 친구들에게는 명함 크기만 한 분리배출왕 상장도 주기로 했다. 그리고 분리배출에 대한 직원들의 인식 조사 설문지도 작성하기로 했다. 쓰레기 분리수거에 대한 전시회도 열기로 했는데, 이 부스 운영은 학교 후배들과 친구들에게 도움을 요청했다.

우리는 사전에 숙소에 모여서 부스 운영에 필요한 장비들을 함께 제작하고, 현장에서 아이들이 사용할 재활용품들을 깨끗하게 세척하는 준비를 했다.

마침내 행사 당일, 정말 아침부터 바쁘게 움직였다. 날씨가 더운 상황임에도 활동가 친구들은 힘든 내색 없이 삼성 임직원분들의 자녀들을 반갑게 맞이하며 임무를 수행했다. 우리가 밝은 표정과 미소로 일하고 있으니 부모님들의 반응도 좋았고, 설문 조사도 아주 적극적으로 해 주셨던 것 같다. 몇 년 전의 일인데도 기억이 생생하다.

되돌아보면 처음에 행사를 수락했을 때만 해도 자신만만했는데 막상 일을 시작했을 땐 예상했던 것보다 더 많이 힘들었다. 사전에 준비해야 할 것들(현수막, 보조 책상, 의자, 배너, 종류별 재활용품 등)이 정말 많았다. 잘하고 싶고 마음이 급하다 보니 함께하는 활동가들과 일을 나누고 협업해야 했는데 그러질 못하고 혼자서 바빴던 것 같다.

세월이 지나고 다양한 활동을 하면서 알게 된 건 "급해도 천천히 함께 가자"가 맞다는 거다. 그때의 나는 그 점이 아주 부족했다. 지금은 조금씩 고쳐나가고 있다.

환경부
공청회에 가다

~~~

　페트병 쓰레기 문제가 한창일 때 대한민국신지식인협회 회장님께서 페트병 라벨 개선 문제에 대해 페이스북에 영상을 올리셨다. 그것이 조회수 10만 회를 돌파하면서 많은 사람에게 알려졌고, 그 이후 언론과 유튜버들도 페트병 라벨 문제에 관심을 보이기 시작했다.

　지금은 많이 개선되었지만, 그때만 해도 대부분의 페트병엔 라벨이 본드 재질로 페트병에 달라붙어 있었다. 그러면 아무리 라벨을 뜯어내도 본드가 페트병에 일부 남아서 재활용률이 낮아진다. 그래서 본드가 아닌 비접착식(본드로 붙이지 않고 페트병에 두른 상태의 라벨에 절취선을 만들어 떼게 하는 방식) 라벨로 변경하자는 의견이 생겨나기 시작했다. 그러면 절취선을 따라 뜯기만 하면 되니까 쉽고 페트병의 재활용률도 높아지기 때문이다.

나도 분리배출을 하면서 이 문제를 고민했었다. 페트병의 라벨이 너무 뜯기 힘들게 되어 있어서 손톱이 뜯겨져 나가는 느낌이 들 때는 나도 모르게 포기하고 그냥 쓰레기로 버리고 싶다는 생각이 들기도 했었다. 소비자들이 분리배출을 포기하지 않도록 기업들이 개선해 주는 노력이 그래서 반드시 필요하다.

나는 영상에 크게 공감되어 신지식인협회 회장님을 만나보고 싶었다. 다행히 서울에 계셨다. 그분의 연락처를 알아내 전화를 걸어 만남을 청했다. 회장님께서는 환경부에서 진행하는 페트병 라벨 개선에 대한 공청회에 청소년이나 청년들이 참석하면 좋겠다고 말씀하셨다. 그래서 나는 1365 봉사자들과 지지배 활동을 했던 청소년과 청년들을 20여 명 모아 토론회에 함께 갔다.

토론 현장은 페트병 라벨 접착식팀 대 비접착식팀으로 나뉘어져서 마치 서로 싸우는 분위기였다. 나는 사실 이런 분위기보다는 서로 의견을 내고 들어 주면서 방법을 조율해 나가는 줄 알았는데, 아니었다. 당황스러웠다.

당시 공청회에 모인 사람들 중에는 비접착식 라벨을 반대하는 분들이 생각보다 많았는데, 지금까지 해 왔던 대로 본드식으로 해도 문제가 없다고 주장하셨다. 그런데 두 의견을 들어 보면 모두 일리가 있었다.

비접착식 라벨을 반대하는 쪽의 의견은 이랬다. 소비자들이 분리배출에 대해서 중요하게 여기고 실천을 해야 비접착 라벨 사용이 의미가 있는 건데, 현재는 페트병을 버릴 때 라벨을 제거해야 한다는 인식이 아직 부족하기 때문에 큰 비용을 들여 비접착식 라벨로 바꾼다 해도, 재활용 효과가 얼마나 클지 장담할 수 없다는 거였다. 또한 현재 본드 재질로 붙이는 접착식 라벨은 소비자가 뜯지 않아도 재활용업체로 전달되면 본드가 남은 곳만 도래내고 나머지 부분은 재활용 품질로 잘 만들어지고 있다는 의견이었다.

나도 처음에 영상을 보았을 때는 '비접착식 라벨로 당연히 해야 하지 않나?'라고 생각했었는데 다른 의견을 들어 보

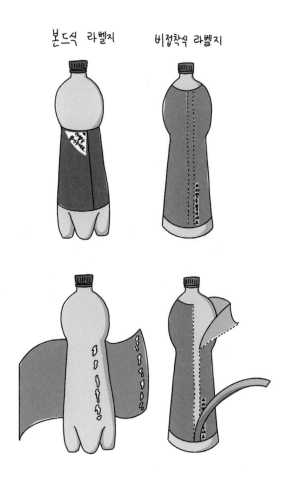

본드식 라벨지   비접착식 라벨지

니 생각이 복잡해졌다. 실제로 페트병을 재활용하는 업체들
은 예전부터 해 오던 시스템 안에서도 재활용이 가능하도록
하고 있기에 라벨 접착 방식을 변경한다면 재활용 업체들과

의 소통이 반드시 필요해 보였고, 시스템 변화에 따른 지원금도 필요하다는 생각이 들었다.

현장에서 일하시는 분들의 이야기를 들으며 그날 많은 것들을 배웠던 것 같다. '무조건 안 된다'가 아니라, 서로의 입장을 '일단 들어 봐야' 하고, 그와 관련해서 시민들의 이야기도 들어 봐야 한다는 생각이 들었다.

또한 환경을 생각하는 것도 아주 중요하지만, 당장 생계 문제와 연관된 분들의 의견도 들어서 전체를 소화롭게 민드는 것이 환경운동가들의 역할이라는 걸 깨달았다. 그리고 환경 분야에서 문제점이 발생했을 때 겉으로 보이는 모습과 속의 모습들을 다 알아야 올바른 정책을 펼칠 수 있다는 것도 깨닫게 되었다.

이후로 나는 조금 더 신중해지는 연습과 전체를 보는 연습을 꾸준히 하고 있다. 물론 지금도 여전히 환경 관련 뉴스가 나오면 욱하는 감정부터 올라올 때가 많지만 그럴 때일수록 지혜롭게 방법을 찾아야 할 것 같다. 이 지구에는 나 혼자만 사는 것이 아니라 다양한 사람들이 함께 더불어 살아가고 있기 때문이다.

수영 초보가 잠수를!

~~~~

'제주해녀문화연구원.'

이곳은 제주도에 있는 해녀들을 보호하고 알리는 중요한 역할을 하는 곳인데, 지지배 활동을 하다가 알게 되었다.

나와 미팅하셨던 제주해녀문화연구원 선생님은 스킨스 쿠버 전문가셨다. 이분과 함께 환경 문제에 대해 여러 가지 이야기를 하다가 협업할 수 있는 활동이 무엇일까 논의하게 되었다.

바다에서 거의 살다시피 하시는 선생님 말씀으로는 바닷속에 상상을 초월하는 다양한 쓰레기들이 너무 많아졌다고 하셨다. 현장에 계신 분의 이야기라서 크게 공감이 갔다. 제주도 바닷속 상황을 듣는데 또 나의 돈키호테 용기가 불쑥 올라왔다. 수영도 잘 못하고 잠수는 해 본 적도 없으면서 바다 상황이 안타까워서 무작정 함께 환경 활동을 해 보자고 제안했다. 제주해녀문화연구원 측도 너무 좋다고 하셨다.

해양 생태계에 대해서 호기심이 발동한 나머지, 나는 회사에 제대로 보고도 하지 않고 제주해녀문화연구원과의 협업을 결정해 버렸다. (지금 지지배는 지구시민연합의 청년팀으로 들어가 있다.) 팀장님은 내가 만든 갑작스런 프로젝트에 당황해 하셨고 커진 일을 도와주시느라 고생도 많이 하셨다. 그래서인지 팀장님은 나를 볼 때마다 소통의 중요성과 리더십에 대해 많은 말씀을 해 주신다.

나의 열정으로 시작된 우리의 활동은 바다에서의 쓰레기 줍기를 어떻게 콘텐츠로 담을 것인지의 고민으로 연결되었다. 먼저 활동 이름부터 만들었다. 바다에서 수영을 하며 쓰레기를 줍는다… 그래서 swim+pick up을 줄여서 '스윔픽'이라는 용어를 만들었다. 사실 '플로깅'도 스웨덴어의 줍다

(plocka upp)+달리다(jogging)를 합쳐서 만든 말이라고 한다.

'스윔픽(swimpick)'이라는 용어로 프로젝트를 시작했다. 프로젝트를 해내기 위해서 먼저 올림픽공원 수영장에서 스킨스쿠버다이빙 체험을 해 보기로 했다. 그런데 장비 착용부터가 쉽지 않았다. 나의 유튜브에도 스킨스쿠버를 배우는 영상이 올라가 있는데 장비를 착용하는 영상은 볼 때마다 배꼽잡게 된다.

내 몸무게만큼이나 무거운 장비를 등에 지고 물속으로 깊게 들어가야 했는데 물에서는 수압 때문에 귀가 너무 아팠고 몸도 마음대로 움직여지지가 않았다. 첫날 한번 해 보고는 '이렇게 귀가 아프고 호흡이 힘든데 이런 걸 왜 하지?'라고 생각했다. 너무 솔직한 심정을 이야기하려니 조금 민망하긴 한데, 나에게는 정말 충격적인 스포츠였다.

나는 초보자이기도 하고 연습할 시간도 많지 않았기에 스쿠버다이빙은 체험만 진행하고 스노클링으로 넘어가 기초부터 배우기 시작했다.

스노클링과 스쿠버다이빙은 차이점이 있는데, 스노클링은 스노클을 입에 물고 스노클의 윗부분을 물 밖으로 내놓은 채로 수영하는 것인데, 바닷속으로 들어가려면 숨을 참고 잠

수를 해야 한다. 스쿠버다이빙은 산소가 들어 있는 공기통을 장착하고 물에 들어가기 때문에 수중 아래까지 깊게 들어갈 수 있지만 잠수 깊이에 따라 몸에 주어지는 수압에 차이가 있을 수 있다. 스노클링은 1~2미터 수심의 수면 근처를 돌아다니지만 스쿠버다이빙은 30미터까지 잠수할 수 있다. 우리가 진행한 스윔픽 프로젝트는 초보자에게 맞춰서 바다도 덜 위험한 곳으로 선정하여 너무 깊게 물속으로 들어가지 않는 선으로 결정되었다.

그리하여 시작된 스노클링 레슨 시간은 즐겁기도 했지만 두려운 상황들이 많았다. 옷 입기부터 잠수까지 힘들어서 배우러 가기 전날엔 매번 두려움이 많이 올라왔다. 사실, 무엇보다 속상한 건 몸이 물속으로 들어가지지 않는다는 거였다. 호흡을 참고 몸에 힘을 빼고 스르르 물속으로 들어가면 되는데, 나는 그게 그렇게 어려웠다.

하루는 연습을 하고 집에 돌아왔는데 코피가 터졌다. 물속에서 하는 활동이 생각보다 엄청 힘들었던 거다. 물속에 오래 있어서 그런지 손도 붓고 얼굴도 붓고 몸이 엉망이었다. 귀는 계속 아프고, 이대로 가능할까 싶었다. 그만할까 하는 생각도 들었다.

어떻게든 악착같이 버티려고 했지만 쉽지 않았다. 그래서 스트레스가 심했는데, 먹는 것으로 풀었다. 연습을 갔다 오면 배가 고파 이것저것 마구 먹었고, 그럼 조금 스트레스가 나아지는 것 같았지만 몸의 적응 문제는 전혀 해결이 되지 않았다. 그럴 때면 엄마에게 전화해 위로를 받았다. 그렇게 스노클링 연습을 5회쯤 하니까 조금씩 적응되기 시작했다.

물속에 잘 들어가려면 긴장하면 안 된다. 힘을 빼지 못하면 바로 가라앉거나 허우적대기 일쑤다. 물속은 기낼 곳 하나 없는 공간이기에 굉장히 무서웠다. 물도 정말 많이 먹었다. 그래도 참아내며 5회의 연습을 끝내고 귀가 아파서 병원에 갔는데 외이도염이라고 했다. 의사 선생님은 물에 들어가면 안 된다고 처방했다. 해야 할 땐 그만두고 싶더니 막상 못하게 되니까 너무 아쉬웠다. 나름 열심히 연습하면서 두려움까지 견뎌냈는데 이렇게 되다니….

트레이닝을 시켜 주셨던 선생님과 함께 연습한 모습을 유튜브 영상으로 제작하고 스윔픽을 위해 펀딩도 받았는데, 후원해 주신 분들께 죄송한 마음이 들었다. 그래서 나는 어떤 다른 활동으로 대체해야 하나 고민하다가 혼자 지상에서 쓰레기 줍는 활동을 하고, 스킨스쿠버팀은 바다 쓰레기 줍기를 그대로 진행하기로 했다. 팀원들이 스쿠버해서 끌어올린 쓰레기를 정리하면서 미안한 마음이 들었다. 그리고 다음 기회에 꼭 바닷속 쓰레기 줍기에 다시 도전해 봐야겠다고 생각했다.

20만 톤의
쓰레기 산

나의 고향은 대구다. 대구 인근에는 작지만 볼거리가 많은 소도시가 여러 곳 있다. 그런데 놀랍게도 20만 톤의 쓰레기 산도 있었다(2023년 현재는 모두 치운 상태).

2019년 3월 17일, CNN에 보도된 기사 중 대구 인근 경북 의성에 대한 뉴스가 나왔다. 의성에 있는 20만 톤의 쓰레기 산에서 불이 났다는 내용이었다. 대한민국에서 일어난 일인데 외국 뉴스에서 다루어 알게 된 부끄러운 일이었다.

현장 상황을 제대로 알고 싶어서 부모님과 함께 의성 쓰레기 산을 찾아가 보았다. 대구에서 1시간 정도 달려서 경북 의성군 단밀면 생송리에 도착했다. 멀리서도 느껴지는 음침하고 으스스한 분위기, 내비게이션이 가르쳐준 쓰레기 산에 가까이 다가갈수록 눈으로 보면서도 믿기지 않았다. 마치 큰 괴물이 서 있는 것만 같았다.

설마설마 했는데 20만 톤의 쓰레기 산이 보도 내용대로 아파트 8층 높이 정도로 높게 쌓여 있었다. 여기가 한국이 맞는지, 어떻게 이 정도가 될 때까지 방치되었는지 이해할 수가 없었다. 사람들이 어떻게 쓰레기를 이렇게까지 높이 쌓을 생각을 했으며, 인근 주민들은 왜 아무런 신고도 하지 않은 채 보고만 있었던 걸까라는 생각이 들었다.

그곳은 평범한 농촌이었다. 인근에서는 벼농사를 짓고 있고, 나즈막한 언덕에는 태양열 발전 시설도 보였다. 쓰레기 산에서 나오는 오염수가 졸졸졸 시냇물처럼 어딘가로 흐르고 있었는데, 그 영향인지 주변에 벼가 자라고 있는 논의 색깔이 이미 변해 있었다.

원래 있던 산 위에 쓰레기가 버려져 있는 건 아닌가 싶어서 등산 아닌 등산을 해 보았다. 그런데 정말 산에 쓰레기가 쌓인 게 아니고, 모든 게 다 쓰레기였다. 인화성 물건들이 너무 많아서 무서웠지만 현실이 맞는지 확인하고 싶어서 계속 올라갔다. 면적도 정말 어마어마하게 넓었는데, 내가 올라간 반대편의 뒤쪽까지 쓰레기들이 겹겹이 쌓여 있었다. 얼마나 오랫동안 차곡차곡 잘 쌓여진 상태인지, 쓰레기를 밟고 올라가도 전혀 흔들림이 없었다.

쓰레기 산에서 썩은 냄새와 플라스틱 타는 냄새가 나서 머리가 너무 아팠다. 그 지역 주민들은 그 냄새를 매일 맡고 있을 텐데, 어떻게 견딜까 싶었다. 그동안 쓰레기 산에서 불이 수시로 났었는데, 그 불을 끄기 위해 나섰던 분들 중엔 유해 가스 때문에 질식해서 쓰러진 분들도 있었다고 한다.

주민들의 말로는 오래전부터 쓰레기 산을 처리해 달라고 군청에 민원도 넣고 시위도 했었는데 아무런 조치도 없이 방치해 두었다가 CNN 뉴스에 나온 후에야 이슈가 된 거라고 했다. 보도에 의하면 의성의 쓰레기 산은 15톤 덤프트럭으로 환산했을 때 1만 3천867대 분량이라고 한다. 이 어마어마한 상황이 알려지자 당시 문재인 대통령님도 대통령령으로 최대한 빠르게 처리하라고 지시해 세금 282억 원을 들여 일부는 소각하고 일부는 매립 및 재활용을 했다고 한다.

오래전에 친구들 사이에서 도는 무서운 이야기 시리즈가 생각났다. 아파트 8층에 사는 학생이 공부하다 머리를 식히겠다고 창문을 열었는데 누군가가 지나가면서 "안녕!" 하고 인사했다는 등이 오싹한 이야기! 현대판 무서운 이야기 시리즈도 곧 나오지 않을까 싶다. 아파트 8층에 사는 사람이 창문을 열었는데 쓰레기 산이 있더라는 이야기!

뮤직비디오에 전 재산 200만 원 투자

의성의 쓰레기 산을 보고 난 이후, 내가 할 수 있는 일이 무엇일까를 생각했다. 만약 내 집 앞에 아파트 8층 높이의 쓰레기가 쌓여 있다면 누구든 바로 어떤 액션을 취했을 것이다. 빨리 치워달라고 구청에 민원을 수도 없이 넣고, 시위도 할 것이다. 누구나 지저분한 것은 싫어하니까.

이십 대 청년으로서 내가 할 수 있는 것은 세상에 목소리를 내고 사람들에게 알려서 함께 문제를 해결하는 것이라고 생각했다. 갑자기 머릿속에서 번쩍이는 아이디어가 떠올랐다. 그건 바로 쓰레기 산을 배경으로 뮤직비디오를 제작해 보는 것이었다. 사람들이 즐겨 보는 뮤직비디오로 짧은 시간에 주제까지 담아서 문화 충격을 준다면 아주 큰 반향이 있을 거라는 생각이 들었다. 쓰레기 산 문제를 캠페인이나 환경운동이 아닌, 문화예술로서 접근하고자 한 것이다. 가진 능력은 아무것도 없었지만 마음속의 의욕은 불타올랐다.

쓰레기 산 뮤직비디오를 현실화하기 위해 먼저 주변 사람들에게 뮤직비디오를 만들겠다고 선포했다. 전체 기획안을 짜면서 '너무 의욕이 앞섰나?' 하는 생각이 들었고 참 막막하기도 했지만 함께 제작할 사람들을 찾아서 도움을 요청하기로 했다. 쓰레기 소각장, 매립장, 선별장을 함께 돌아다녔던 친구 우주에게 이야기를 했고, 고맙게도 함께 해 보겠다고 말해 주었다.

뭐든 단번에 잘되는 법은 없다. 하지만 노력하면 방법은 생기나 보다. 우주의 지인분이 영상 촬영 전문가여서 나의 기획안에 대해 피드백과 수정을 해 주었다. 음향감독, 드론, 무용수, 노래 등 준비해야 할 것이 한두 가지가 아니었다. 역시 나는 무모한 도전을 많이 좋아한다고 생각했다.

근데 당시 나에게 있는 돈이라고는 아르바이트해서 매달 10만 원씩 2년 동안 모은 200만 원이 전부였다. 자금이 너무 적었기에 흐지부지될 수도 있는 상황이었다. 그래서 우주와 다른 방법을 찾아보기 시작했다. 쓰레기 파티 제작 때도 0원에서부터 시작했었는데, 이것을 함께 기획하고 만든 친구가 기억났다. 그 친구에게 뮤직비디오 제작 배경과 전하고자 하는 메시지를 전달했다. 재범이란 친구인데, 그는 이미 친구들과 팀을 꾸려 영상 만드는 일을 하고 있었다.

재범이는 뮤직비디오 제작 이유에 대한 설명을 듣더니 함께 제작해 보겠다고 하였다. 난 경북 의성 쓰레기 산을 직접 보고 왔기에 제작에 대한 열정이 가득했다. 나와 같은 마음이었으면 해서 뮤직비디오 제작을 함께하기로 한 재범이와 우주를 의성 쓰레기 산까지 데리고 갔다. 실제로 보고 나서 친구들은 나보다 더 열정을 보였다.

우리의 열정은 충만했지만 이동할 때마다 교통비, 식비, 소모품비 등등 지출할 것이 정말 많았다. 나는 비영리단체에서 일하고 있어서 월세를 내면서 생활할 수 있는 정도의 벌이는 되었지만 재범이와 우주는 당시에 직장인이 아니었다. 그렇다 보니 적은 비용으로 움직이고 아이디어를 구상하려

다 보니 한계가 있었다. 당시 우리에겐 200만 원이 전부였는데, 지금 생각해 보면 그것마저도 없었다면 친구들과 시작조차 못했을 것이다.

뜨거웠던 2019년 여름, 뮤직비디오를 찍기 위해 우리는 지역 인근 쓰레기 산 주소들을 파악해서 현장 탐방을 다녔다. 촬영을 위해서는 수도권에서 가까운 쓰레기 산을 찾아야 했는데, 그런 장소를 묻기 위해 시청과 환경부에 전화를 했지만 지역의 이미지 고려와 담당 부서가 아니라는 이유로 쉽게 알려 주지 않았다. 구글 검색과 유튜브 검색도 하고 환경부 기자들에게도 메일을 보내 도움을 요청하였다. 답장이 안 오는 곳이 대다수였지만 답장을 해 준 곳도 있어서 실제 그 현장을 가 보기로 했다. 그리고 신문 기사를 통해 추려한 주소들을 내비게이션에 찍은 뒤 현장 인근 마을 주민들에게 도움을 요청하여 알아낸 적도 있었다.

장소 찾기부터 현장 방문까지 하나도 쉬운 게 없었다. 특히나 쓰레기 산은 땅 주인이 있어서 외부인이 무단으로 출입했다간 자칫 안 좋은 상황이 만들어질 수도 있어서 이동할 때 항상 조심했던 것 같다.

처음 준비할 때만 해도 지방보다는 수도권이 촬영 장비

를 옮기는 문제나 출연진들의 섭외가 더 수월할 것 같아서 장소를 찾아보기로 하였지만, '설마 수도권에 쓰레기 산이 있을까?' 싶기도 했었다. 그런데 수소문해서 현장에 가 보면 폐허가 된 공장 안에 쓰레기가 가득 차 있기도 하고, 어떤 곳은 쓰레기 산 위에 큰 헝겊을 덮어서 내용물을 감춘 곳도 있었다. 수도권에 있었던 거다.

몇몇 쓰레기 산 현장을 다녀온 뒤에 멤버들과 함께 모여서 어떻게 뮤직비디오를 제작할 것인가에 대한 스토리보드를 만들고 기획안도 정리해 나가기 시작했다. 모두들 한 번도 해 본 적 없는 일이라서 의견 충돌이 많았다. 하지만 그 충돌 또한 좋았다. 우리의 영상이 잘 만들어져서 쓰레기 문제가 세상에 널리 알려지고, 쓰레기 산이 해결될 수 있도록 관심을 일으킬 동기가 되는 영상이 만들어졌으면 하는 바람이 컸기 때문이다.

마침내 뮤직비디오에 대한 기획이 완성되었고 이제 제작비가 필요해졌다. 그래서 우리는 어떻게 제작비를 만들 것인가에 대해서 후원금 모금, 카카오같이가치펀딩 등의 다양한 방법을 고민하기 시작했다.

개그맨 김구라
아저씨와의 만남

나는 쓰레기 산 활동 소식을 인스타그램과 페이스북에 꾸준히 올리고 유튜브에도 다양한 콘텐츠를 만들어서 올리고 있었다. 그러던 중 JTBC 〈막나가쇼〉 작가님께서 내 유튜브를 보시고 연락을 주셨다. 청년 환경운동가로서 쓰레기 산에 가 보았으니 방송에 출연해서 청년이 바라보는 쓰레기 산 문제에 대해 이야기해달라고 하셨다.

나와 함께 호흡을 맞출 출연진은 김구라 아저씨라고 했

다. 생각만 해도 설레고 기뻤다. 쓰레기 산에 대해 알리다 보니 이런 날도 오는구나 싶었다. 연예인과 호흡을 맞추는 건 처음이었다. 촬영 전에 김구라 아저씨에 대해서 알고 가면 좋을 것 같아 그분에 대해 검색해 봤다. 누군가가 올린 글에 아저씨가 약과를 좋아하신다고 적혀 있었다. 곧바로 마트로 가서 약과 몇 개를 샀다. 김구라 아저씨와 연결이 되어서 〈라디오스타〉에 출연하는 꿈을 꿨다. 〈라디오스타〉에 출연해서 쓰레기 산에 대해서 알리고 싶었다. 촬영하기 전날엔 화면에 잘 나오기 위해서 팩도 하고 잤다.

오전 5시쯤 출발해 JTBC 방송국 앞에서 대기했다. 제작진의 차를 타고 서울에서 경북 의성으로 이동했다. 감독님, 작가님, 촬영 감독님, 오디오 감독님 등 하나의 영상을 찍기 위해서 정말 많은 사람이 필요하다는 것을 그때 알았다. 김구라 아저씨를 만나기 전에 나는 차에서 대기를 했다. 떨려서 청심환이 필요했지만, 차분히 할 이야기를 정리했다.

그리고 마침내 김구라 아저씨와 함께하는 촬영! 초대형 쓰레기 산 앞에 김구라 아저씨가 섰고, 나는 청년 입장에서 쓰레기 산에 대해 어떻게 생각하는지 그리고 해결 방법에 대해서 차근차근 이야기했다. 아저씨도 공감했다. 20분 정도

대화하고 쓰레기 산에도 함께 올라가 보았다. 연예인과 환경 관련 이야기를 나눌 수 있다는 것이 새로웠다. 내가 예상했던 것보다 김구라 아저씨는 관심을 많이 보이셨다. 촬영이 끝나고 아저씨께 선물로 사간 미니 약과를 드렸다. 아저씨는 웃으시며 하나를 드셨다. 뭔가 잘 풀리는 느낌이었다.

그런데 촬영이 거의 끝나고 정리할 즈음, 어떤 사람이 나를 불렀다. 따로 이야기를 좀 하자고 했다. 내가 2019년 3월 17일에 경북 의성 쓰레기 산 현장에서 만났던 아저씨였다. 그는 경북 의성 쓰레기 산에 대해서 너무 잘 알고 있었고 현재 쌓여 있는 쓰레기들을 나중에 소각장을 세워서 다 처리할 거라고 했었다. 이후 2020년 6월에 경북 의성을 멤버들과 한 번 더 방문했던 적이 있다. 그때 경북 의성군청 담당자분과 소통하면서 알게 된 충격적인 사실은 아저씨가 그 투기꾼이라는 거였다. 그 아저씨는 우리가 좋은 일을 한다면서 일회용품을 자기도 안 사용하려고 노력 중이라며 우리에게도 다회용기를 사용하라고 말씀하셨던 기억이 있다. 그런 말을 했던 사람이 어쩜… 아저씨의 정체를 알고서 우리는 큰 충격을 받았었다.

그 이후로 3개월이 지나고 촬영하러 간 그날, 아저씨가 김구라 아저씨와 나를 멀리서 지켜보고 있었던 것이다. 이야기하자고 한 사람이 투기꾼인 것을 이젠 알고 있었기에 나는 너무 무서워서 방송 작가님께 자초지종을 설명하고 현장을 벗어나 서울로 가는 버스를 타고 먼저 올라왔다.

쓰레기 산을 다니다 보면 범인들이 협박한다는 이야기를 들었었는데, 내가 그 일을 직접 겪을 뻔한 것이다. 쓰레기 산은 불법 폐기물을 버리는 투기꾼들과 연결되어 있는 경우가 대부분이어서 방문할 때 각별히 조심해야 한다. 대부분 사유지이기 때문에 함부로 들어가서도 안 되고, 아무리 공익을 위한 영상물을 찍더라도 잘못하면 오히려 개인이 고발을 당하는 일도 생긴다.

서울로 올라오면서 쓰레기 산에서 김구라 아저씨와 한 이야기가 방송에 잘 나왔으면 좋겠다고 생각했다.

며칠 후, 작가님으로부터 연락이 왔다. 김구라 아저씨와 대화한 내용이 모두 편집되었다고 했다. 방송국 사정이라 어떻게 할 수 없지만 속상했다. 그래도 김구라 아저씨와 만나 쓰레기 산에 대해 말하였으니 다행이라고 긍정적으로 생각하기로 했다. 어쨌든 나의 목적은 쓰레기 산을 알리는 거니까, 영향력 있는 사람들에게 알렸으니 입소문을 타고 이 문제가 알려지겠지 하는 희망을 가져 본다.

세상에 없는
아주 특이한 뮤직비디오

쓰레기 산에 관한 뮤직비디오를 만들겠다고 했을 때 처음 들었던 소리는 "할 수 없다", "돈이 많이 들 텐데"였다. 한 번도 해 보지 않은 일이고, 계란으로 바위치기 같은 상황이라는 것도 알지만 내가 봤던 경북 의성 쓰레기 산의 모습은 처참했고, 모른척할 수 없었다. 쓰레기 산이 더 이상 생기면 안 된다는 생각이 컸다. 그런데 지금도 몰래몰래 쓰레기 산이 생겨나고 있으니 우리 모두 관심을 가져야 한다.

고등학교 때 친구인 우주가 작사와 안무 쪽을 담당했고, 우주의 지인분이 영상 제작과 음악에 도움을 주기로 했다. 기획과 영상 제작에 관심이 많은 친구 재범이가 합류하면서 마치 퍼즐처럼 조금씩 맞춰지기 시작했다. 혼자였으면 못했을 텐데, 친구들의 지인들까지 도와주어 마침내 촬영할 사람, 드론, 무용수까지 구했다.

부족한 부분은 융합 콘텐츠 기획 전문가이신 나의 대학교 교수님의 자문을 받으면서 채워 나갔다. 그리고 또 아는 PD 멘토님을 찾아뵙고 도움을 받기도 했다. 그동안 아이돌 뮤직비디오를 아무 생각 없이 시청했었는데, 이렇게 오랜 시간과 정성이 들어가는지 예전엔 몰랐었다.

노래 제작과 배우 쪽에는 감을 못 잡고 있던 와중에 존경하는 멘토님의 지인분께서 우리의 뮤직비디오에 관심을 가져 주시면서 노래 제작, 배우, 감독, 헤어 메이크업, 촬영 장소 대관까지 도와주시겠다고 하셨다. 막막했던 우리에겐 작은 희망의 불씨로 보여 안도의 한숨을 내쉬었다.

함께할 사람이 준비되자 전국의 쓰레기 산 중에 촬영할 장소를 정하기 위해 또다시 여러 곳을 돌아다녔고, 마침내 결정된 후엔 세네 번 정도 가서 현장 관찰도 하고, 언제 감시하는 사람이 없는지, 언제 촬영하기 좋은지를 파악했다.

그사이 다른 친구들은 각자 맡은 역할을 했다. 작사도 하고, 촬영 기법도 공부하고, 다른 뮤직비디오들은 어떻게 제작되었는지를 숙지했다. 나와 함께 PD를 맡았던 친구는 후원과 펀딩을 담당해서 다양한 방법으로 1천만 원이라는 자금을 확보했고, 엔터테인먼트와 배우, 가수, 작곡가들을 직접 만나서 촬영 계획을 브리핑하며 전달했다.

초짜인 우리에겐 모든 것이 어렵고 험난한 과정이었다. 지금 되돌아보면 순조로운 게 하나도 없었다. 엔터테인먼트 회사와 협의하고 계약서를 작성할 때 어른들의 세상은 정말 무섭다는 것도 느꼈고, 지혜롭지 않으면 불상사가 일어나기 쉽겠다는 생각도 했다. 스텝이 거의 20명이 넘어서 숙박이나 안전에 대한 부분도 놓칠 수가 없었다.

뮤직비디오를 촬영하는 중에 낯선 아저씨께서 찾아오셔서 이것저것을 물어보셨다. 그 아저씨는 땅 주인이었다. 처음엔 사유지를 무단 사용한 책임을 물으려는 줄 알고 걱정했는데, 아저씨는 자신의 땅이 쓰레기 산이 될 줄 몰랐다면서 꼭 잘 찍어서 세상에 널리 알려달라고 하셨다.

촬영하는 날은 겨울이라 정말 추웠다. 촬영하는 내내 쓰레기 배출을 안 하고 싶었지만, 너무 추워서 핫팩이 필요했다. 배우들과 스탭들 모두 일인당 2개는 필요했는데, 촬영 후 핫팩 쓰레기가 만만치 않았다. 겨울에 하는 야외 촬영이라 추워서 힘들었고, 촬영 장비들이 말을 제대로 듣지 않아서 애를 먹었다. 장비들이 얼어서 작동이 안 되어 배우들에게 미안한 상황들이 많았던 것 같다. 그래도 다행히 모든 촬영을 끝낼 수 있었다.

경험이 없는 청년들이 뮤직비디오를 처음 제작하다 보니 서툰 것이 한두 가지가 아니었다. 이러한 부분을 잘 해결할 수 있었던 건 지인들의 적극적인 도움이 있어서였고, 제작에 함께 해 준 친구들이 1년 동안 아무런 비용도 받지 않고 재능 기부를 해 주어서였다.

또한 어른들이 도와주신 덕분에 1천만 원이라는 금액을 정산해서 영수증 처리하고 결과 보고서를 만들어 전달하는 것도 배웠다. 크고 작은 일들을 다 처리하다 보니, 2019년에 시작해서 2020년 3월 31일에야 마무리할 수 있었다. 현재는 다행히 우리가 촬영했던 장소의 쓰레기 산이 모두 치워졌다.

멜론과 애플 뮤직, 지니에 'Enlighten'이라고 검색하면 우리의 노래를 들을 수 있다. 많은 분들에게 뮤직비디오가 전해져서 쓰레기 산을 알리고 환경 보호를 위해 선한 영향력을 끼칠 수 있었으면 좋겠다. 그리고 작은 움직임이 큰 변화로 이어져 가기를 바란다. 〈Enlighten(깨달음)〉 노래 가사에 잘 묻어나는 우리의 간절함을 여기에 한번 남겨 보았다.

〈Enlighten〉 (with 김영흠)

아름다운 우주 속에 꺼져 가는 별이 있어
아무도 모르게 부끄러워 감춰 두려 하지 마
모든 걸 감싸 안은 채
그런 내가 누구인지 모른 채

널 생각한 누군가 부른 이 노래가
모두에게 닿는다면 너와 나 이곳에
밝혀질 운명인 걸 모두다 진심인걸

내 아픔은 여기인데 가득히 쌓여 있는데

내 안에 니가 있어 너와 내가 다르지 않은데

내가 너의 일부라서

oh you're in me

oh I am you

아름다운 너의 안에 빛나는 별들이 있어

빛을 잃은 채 너도 모르게 감춰 두지 마

모든 걸 알지 못해도 너만은 누군지 알고 있어

널 생각한 누군가 부른 이 노래가

모두에게 닿는다면 너와 나 이곳에

밝혀질 운명인걸 모두다 진심인걸

내 아픔은 여기인데 가득히 쌓여 있는데

내 안에 니가 있어 너와 내가 다르지 않은데

내가 너의 일부라서

oh you're in me

oh i am you

지킬게 함께 걸을게 내 손 끝에 놓지 않을게

이 세상 우주보다 아름다운 너를

지킬게 함께 걸을게 내 손 끝에 놓지 않을게

이 세상 우주보다 아름다운 너를

oh you're in me

oh I am you

쓰레기 산 투기범을 잡는
환경운동가를 만나다

쓰레기 산 문제를 일으키는 투기범을 잡으러 다니시는 분이 있다는 것을 환경 다큐를 보다가 알게 되었다. '이분은 어떻게 이 일을 시작하게 된 걸까?' 너무 궁금했다. 만나기 위해 SNS를 찾았다. 다행히 페이스북에 전화번호가 있었다.

바로 메시지를 남겼다. 1시간 뒤에 답변이 와서 통화를 했는데, 하시는 일에 대해서 당장 알려 주겠다고 하셨다. 너무 신기하게도 그분(서봉태 환경운동가)의 사무실이 경북 영천

에 있었고, 때마침 나는 추석 연휴라 대구에 있었다. 이런 운명 같은 일이 일어나다니!

그래서 어머니 차를 타고 한달음에 영천으로 달려갔다. 대표님의 사무실엔 CCTV가 여러 대 있었다. 보복하러 오는 투기범들이 있어서 감시를 위해 사무실 사방으로 CCTV를 돌리고 있고 몸에는 곤봉, 가스총 같은 무기를 지니고 다니신다고 했다. 투기범들이 언제 보복하러 올지 모른다는 스트레스가 심하실 텐데도 얼굴은 환하게 웃고 계셨다.

서봉태 대표님이 이 일을 하게 된 계기는, 거래처의 사장님이 임대를 놓았는데 그 땅에 임대인이 수십 톤의 쓰레기를 버리고 도망가 버려서 실질적으로 땅 주인이 모두 치워야 하는 상황에 놓여서 도와드리다가 시작했다고 한다.

서봉태 대표님이 쓰레기 산을 만든 투기범들을 조사해 보니 범인이 한 명이 아니라 우두머리는 따로 있고 바지사장들이 많았다고 한다. 그렇다 보니 쓰레기 산 범인인 우두머리를 잡으면 그 밑에 사람들도 잡을 수 있는데, 그것이 쉽지 않다고 했다. 그런데 놀랍게도 서대표님은 쓰레기 산 투기범을 200여 명이나 잡으셨다. 나는 쓰레기 산을 캠페인화하여 알리려고 했는데 대표님은 실제로 범인들을 잡고 계셨던 거다.

서봉태 대표님을 인터뷰하면서 투기범들에 의해 쓰레기 산이 만들어지는 과정과 투기범들의 조직 현황, 환경직 공무원들이 쓰레기 산을 제대로 감시할 수 없는 이유, 그리고 전국 쓰레기 산 전반에 관한 이야기를 들을 수 있었다.

쓰레기 산을 만든 투기범들을 잡기 위해 지금도 수사 기관에서 수사를 진행하고 있기는 하지만, 한 개인이 정의롭게 적극적으로 앞장섬으로 그나마 쓰레기 산 범인이 잡히고 있는 것이다.

집으로 돌아오는 길에 정의의 사도 같은 대표님이 계셔서 그나마 세상이 평화롭게 돌아가는 것이 아닐까 생각했다. 그리고 내가 생각하지 못한 일들을 이미 하고 계신 분들에게 너무나 감사한 마음이 들었고 새 힘이 솟아나는 것 같았다. 같은 뜻을 가진 세상의 모든 이들과 다 같이 행복한 얼굴로 만나는 꿈을 가져 본다.

전 세계에 없는
쓰레기 산 지도를 만들다

세상에는 참 다양한 지도가 있다. 세계지도, 대한민국 지도, 그리고 최근에는 환경과 관련된 전문적인 지도들이 등장하기 시작했다. 제로웨이스트 상점들이 어디에 있는지 정리해 둔 지도도 있고, 채식을 위한 비건 식당을 정리해 놓은 지도도 있다.

환경에 관한 지도들이 최근 많이 만들어지고 있어서 참 좋다고 생각하는 사이에 나에게도 갑자기 좋은 아이디어가 떠올랐다. 쓰레기 산이 전국에 정말 많은데, 위치를 알려 주는 지도가 필요하다는 생각이 든 것이다.

현재 한국에는 쓰레기 산이 400개가 넘게 있다. 어느 지역에 얼마나 있는지 알 수 있다면 개인이든 어떤 기관이든 쓰레기 산 문제에 민감하게 반응할 것이고, 빨리 없애야겠다고 생각하지 않을까. 그것을 눈으로 본다면 더더욱 쓰레기 문제를 고민해 보지 않을까.

그래서 한동안 머리를 싸매고 방법을 강구했다. 그러던 중 환경 유튜버인 웰빙둘기님에게서 연락이 왔고, 같이 논의하게 되었다. 알고 보니 웰빙둘기님은 프로그램을 만드는 스타트업에서 일하셨던 분이었다. 내가 찾고 있던 사람이 눈앞에 나타나다니, 너무 고마웠고 좋았다.

나는 웰빙둘기님이 지도를 만들 수 있도록 아이디어를 전달했다. 그리고 또 다른 분도 합세해 총 2명의 개발자와 함께 일하게 되었다. 틈틈이 온라인 줌(ZOOM)으로 만나 주1회씩 회의하며 차근차근 지도를 만들어 나갔다. 그리고 가끔은 시간을 내서 오프라인으로도 만나 열정을 더했다.

작업하면서 가장 큰 어려움은 쓰레기 산이 전국에 있다는 것은 알지만, 정확한 위치를 다 알지 못해서 지도상에 기입하는 것이 문제였다. 구글과 유튜브 등을 다양하게 검색해 보았지만 쓰레기 산의 위치가 나와 있는 정보를 찾을 수 없었다. 환경부와 폐기물협회 측에도 연락해서 쓰레기 산의 위치를 알려달라고 문의해 보았으나 도움을 받기 어려웠다.

하지만 역시 노력하면 방법은 언제나 찾아진다. 쓰레기 산 투기범을 잡는 환경운동가 서봉태 대표님께 개인적으로 연락해서 위치 파악에 도움을 받았다. 그리고 네이버 거리뷰와 같은 인공위성 사진으로 방치되어 있는 쓰레기들을 파악하기 시작했다. 그렇게 우리가 새롭게 알아낸 곳이 40여 곳이었는데, 조사해 보니 이미 처리된 곳도 있었고 아직도 그 자리에 방치되어 있는 곳도 있었다. 전문가들이 함께하다 보니 기술적인 부분은 그래도 잘 해결되었다.

당시 우리의 일은 각자의 일터에서 퇴근하고 돌아오면 쓰레기 산 지도를 많은 사람들에게 전달(홍보)하는 거였는데, 쉽지 않았다. 지도 제작만큼이나 중요한 것이 사람들이 우리가 홍보하는 사이트에 들어와서 관심을 가져 주고 소통하는 것인데, 들어오질 않았다. 우리에겐 홍보 자금도 부족했고 홍보 배너를 만들 만한 웹디자이너 인력도 없었다. 또한 사이트로 사람들을 유입해 올 만한 핫한 콘텐츠도 부족해서 지속

적으로 쓰레기 산 지도를 알리는 것이 어려워 보였다. 인스타그램으로 참여형 게시물 이벤트를 해 보자는 의견이 나오기도 했지만, 개발자와 나는 각자의 일터에서 해야 할 다른 업무도 많아서 많은 시간을 투자할 수 없었다.

지금도 꾸준히 쓰레기 산을 알리기 위해 정말 다양한 것들을 시도해 보고 실패도 해 보고 있다. 가끔은 노력한 것에 비해 주목할 만한 결과물이 없을 때도 있지만, 사실 나는 더 감사한 걸 얻었다. 함께하는 사람들을 얻었고, 실패를 통해 다른 도전들도 생각해 보게 되었다.

만약 환경 문제 해결을 위해서 고민하는 사람이 있다면 실패를 두려워하지 말고 일단 해 보는 게 중요한 것 같다고 말해 주고 싶다. 실패하더라도 배우는 게 많고, 함께한 사람들이 나중에 큰 힘이 되기 때문이다.

쓰레기 산
댄스 챌린지

사람마다 다양한 재능이 있는데, 나는 춤을 잘 추는 사람이 정말 부럽다. 리듬을 타면서 박자에 맞춰 현란한 몸동작을 해내는 춤꾼들이 정말 멋지다고 생각한다.

나는 마음에서는 흥이 넘치는데 몸이 내 마음대로 움직여지지 않는다. 아마 공감하는 사람이 있을 것 같다. 최근에 〈스트릿 우먼 파이터〉라는 댄스 프로그램이 인기를 얻으면서 #shorts 같은 릴스 영상들이 유행했다. 나 또한 인스타그램이나 페이스북을 통해서 짧은 10~30초 영상들을 챙겨 봤다. 그러다가 쓰레기 산을 알릴 수 있는 방법으로 댄스 챌린지 영상을 만들어서 젊은 세대들이 시청할 수 있게 하면 좋겠다는 생각이 들었다.

나 혼자는 안 될 것 같아서 천신무예 예술단이라는 유튜브 채널을 운영하는 유튜버에게 안무 짜는 것에 도움을 요청했다. 취지와 기대 효과에 대해 설명했더니 공감해 주시며 댄스 챌린지에 동참해 주기로 했다.

노래를 따로 제작하는 것은 일정에 무리가 있고, 예산도 부족해서 BTS의 〈Permission to Dance〉를 가지고 춤을 제작하기로 했다. 참고로 이 노래는 수화를 바탕으로 춤을 만들었다고 한다. 전 세계인이 좋아하는 노래에 수화로 쓰레기 산 메시지를 전달하면 좋을 것 같았다. 그래서 수화로 '쓰레기를 다함께 치우자'라는 수화 표현법을 인터넷으로 찾아보았다.

그리고 곡에 맞추어서 천신무예 예술단에서 춤을 만들기 시작했다. 그 현장을 지켜보면서 안무가 나오기까지 그 전의 기획 단계가 얼마나 중요한지 알게 되었다. 기획자가 어떤 의도를 갖고 있는지에 따라 춤의 구성과 모양이 달라졌다.

BTS의 노래에 동작을 맞춰 보니 누구나 어렵지 않게 따라 할 수 있을 것 같았다. 일단 영상을 제작해 SNS에 홍보도 하고 댄스 챌린지 이벤트도 열었다.

그런데 기대했던 것만큼 돌아오는 반응은 크지 않았다. 생각해 보면 대기업에서도 환경 캠페인을 위해서 댄스 챌린지를 했지만, 그것들 또한 큰 호응을 받지는 못했던 것 같다. 아직까지 환경 문제에 대한 대중의 관심이 적다.

그래서 더 좋은 방법이 무엇일까 고민하다가 친환경 제품 협찬을 받은 곳에 연락해서 우리의 취지를 잘 설명하고 댄스 챌린지 참여자들에게 친환경 제품을 제공하기로 했다. 샴푸 바와 천연 수세미, 대나무 칫솔을 준비해서 참여자 30명에게 전달했다. 친환경 제품 덕분에 참여하시는 분들이 그나마 조금 늘어서 다행이었다.

지금도 쓰레기 산 댄스 챌린지를 알리고 있지만 여전히 관심이 고프다. 최근에 사용한 방법은 SNS에서 댄서로 활동하고 있는 청소년들과 청년들에게 DM을 보내서 챌린지의 의미와 활동을 알리는 거였다. 약 50여 차례의 메시지를 보냈다. 그 중 5명 정도에게서 답신이 왔는데 아직까지는 큰 효과를 보지 못했다. 그래도 함께해 준 사람들에게는 우리의 메시지가 전달된 것이니까 의미 있는 시간이었다고 생각한다. 그리고 긍정적인 마음으로 기대한다. 가수들이나 작곡가들에게 '역주행'이라는 것이 있듯이, 우리의 댄스 챌린지 영상도 언젠가는 크게 터지지 않을까! 그런 날이 온다면 정말 좋겠다.

직톡 찍다
만난 사건

최근에 기부 플랫폼 업체를 알게 되었다. '투명사다리'라는 기부 플랫폼인데, 환경운동 하는 사람들이 기업들의 지원금을 받을 수 있도록 중간에서 연결해 주고 환경운동가들을 지원해 주는 일을 하는 곳이다. 예전에 환경 관련 라디오 방송에 나간 적이 있는데, 그것을 보시고 대표님께서 나를 기업과 연결해 주고 싶다며 연락해 오셨다.

"다경씨, 숏폼 플랫폼 회사인 직톡이라는 곳이 있는데 여기
랑 같이 이번에 처음으로 해 보면 어때요?"

　새로운 경험을 해 보는 것도 좋아하고, 내가 직접 기업에
제안해 사업이 연결되는 게 쉽지 않다는 걸 알기 때
문에 그분의 제안이 무척 감사했다.
개인이 지원처를 직접 알아보려면
정말 힘든데, 엔터테인먼트처럼
중간에서 다리 역할을 해 주신다
니 말이다.

　나는 직톡 업체의 후원을
받아서 쓰레기 산을 알리는 댄
스 챌린지를 하기로 했다. 가장 잘 알려
진 곳으로 장소를 선택했다. 서울에서 경북 의성으로 이동하
는 경로에 있는 쓰레기 산이었다. 현장에는 사람이 아무도 없
었고 공장 뒤편에 쓰레기
산이 있었는데 대부분이
폐건축자재였다. 그런데
현장에 도착한 지 얼마

안 되어서 갑자기 개 3마리가 다가왔다. 처음엔 귀엽다고 생각했는데, 송곳니를 드러내고 으르렁거리며 당장이라도 물어 버릴 것처럼 코앞까지 다가왔다.

'어쩌지, 진짜, 물리면 안 되는데… 촬영도 못하고 시작부터 병원행인가?'

오만 생각이 다 들었다. 촬영을 같이 간 친구와 함께 덜덜 떨며 천천히 뒷걸음치면서 정말 가까스로 그 자리를 피할 수 있었다. 곧바로 112에 신고했고, 110 대국민콜센터에도 전화해서 들개 물리치는 법을 물어보았으나 모르는 눈치였다. 나중에 알게 된 건데, 들개가 나타나면 "야, 내가 너보다 강해!" 하면서 위협을 주는 척하며 조심히 물러나야 한단다. 근데 똑같은 상황이 닥쳐도 그렇게는 못할 것 같다. 개와 맞닥뜨리면 정말 무섭다.

고난은 여기서 끝일 줄 알았다. 우리의 촬영 일정은 2박 3일의 짧은 기간이었는데, 현장 상황이 매일매일 결코 쉽지 않았다. 영상을 총 10개 정도 제작해야 했는데 마음이 급해졌다. 이튿날엔 아무 일도 없길 바랐는데 차가 도랑에 빠져 버렸다. 쓰레기 산은 대부분 인적이 드문 곳에 있어서 시골의 좁은 길을 가야 하다 보니 이런 일이 생기기도 한다. 캐스퍼라는 작은 차를 탔음에도 불구하고 길을 잘못 들어갔다 나오다가 빠져 버린 거다. 빠질 때 '난 이제 죽는구나!'라는 마음이 들 정도로 차가 쿵 거렸다. 다행히 바퀴 하나만 빠지고 특별히 다친 곳은 없었다. 30분을 밖에서 떨면서 견인차를 기다렸다. 오랜 기다림 끝에 만난 견인차 아저씨는 마치 나를 구하러 오신 천사 같았다.

이것 말고도 여러 가지 사건이 있었다. 쓰레기 산에 들어갔다가 갇혀 버려서 주인에게 길을 잘못 들어왔다 거짓말하고 도망간 적도 있었고, 촬영하려고 담장도 여러 번 넘었다. 서울에서부터 경북까지 이동하느라 운전을 꼬박 하루의 절반 이상 한 적도 있었다. 그런 날은 정말 졸렸는데, 그때마다 함께 간 친구와 수다를 떨면서 버티거나 오징어를 끊임없이 씹으면서 잠을 깨웠다. 서울에 도착해서는 정말 턱이 빠지는 줄 알았다. 내 인생에서 오래오래 기억될 우픈(우습고도 슬픈) 이야기가 많은 촬영이었다.

집에 와서 촬영한 영상들을 정리하며 편집을 했다. 영상을 나름 다양하게 많이 찍었는데 급하게 몰래 찍느라 마음에 들게 찍힌 것이 없었다. 촬영을 위해 한 번 더 가야 하나 잠시 고민했지만, 그때 일어났던 상황들을 떠올려 보니 절대 그럴 마음이 들지 않았다.

우여곡절이 많은 그 영상 편집을 마무리하고 열 개의 영상을 유튜브와 인스타그램에 업로드했다. 다행히 조회수가 1만 회를 넘기는 영상들도 있었다. 모든 영상물이 우리가 바라는 만큼 눈길을 끌지는 못했지만 실망하지 않기로 했다.

나도 쓰레기 산에서 촬영할 때 건달 아저씨들을 만날까 봐 매번 너무 무섭고 두렵다. 하지만 함께했던 친구 규빈이가 있었기에, 그리고 쓰레기 산이 없어지길 바라는 간절함이 있었기에 할 수 있었다. SNS를 통해 계속해서 쓰레기 산을 알리는 우리의 최종 목적은 모든 사람이 쓰레기 배출 문제에 경각심을 가지고, 문제에 대한 인식 개선이 이뤄져 행동으로까지 이어지게 하는 것이다. 그러기 위해서는 일회성 활동이 아니라, 진실한 마음으로 꾸준하게 활동해 나가야 한다고 생각한다. 함께하는 사람이 많아지길 소망해 본다.

클린하이킹을
아세요?

'클린하이킹'이란 쓰레기를 주우며 산을 올라가는 것이다. 어렸을 때부터 산을 좋아해서 부모님을 따라 자주 산에 갔었는데 그 당시만 해도 사람들이 버리고 간 쓰레기봉투가 산 꼭대기에 엄청 쌓여 있었던 기억이 난다.

국립공원에서는 오래전부터 소중한 자연을 깨끗이 지켜가자는 뜻으로 그린포인트제를 시행하고 있다. 국립공원 내 버려진 쓰레기 수거 및 자기 쓰레기를 되가져오는 경우 포인

트를 제공해 주어 그것으로 공원 시설을 이용하거나 상품으로 교환할 수 있는 제도이다. 국립공원의 포인트제도와 산림청과 환경부에서 꾸준히 쓰레기 되가져가기 홍보를 해서인지 요즘은 인식 개선이 많이 되었다.

그래서 "이제 산이 깨끗해졌어?"라고 묻는다면, 안타깝게도 전혀 아니다. 쓰레기를 바위틈이나 계곡 아래 잘 보이지 않는 곳에 몰래 숨기듯이 버리고 가서 여전히 산은 몸살을 앓고 있다. 산에는 작은 사탕 봉지나 물병 쓰레기도 많고, 오르다가 모르고 떨어뜨린 등산 용품들도 생각보다 많이 버려져 있다.

산을 오르기도 힘든데 쓰레기까지 줍는다는 건 너무 힘들지 않을까 싶겠지만 원래 등산할 때의 속도로 움직이면서 매의 눈으로 살피면 쓰레기가 보인다. 그때 허리만 조금 숙여 주면 된다. 열심히 줍다 보면 산을 깨끗하게 만들고야 말겠다는 정의감 비슷한 감정이 생기는데, 그렇다고 너무 위험한 곳까지 치우겠다는 생각에 무리해서는 안 된다. 당신은 소중하니까.

작년 9월부터 코로나로 사람들과의 만남이 어려워지면서

혼자 산을 오르며 클린하이킹을 시작했는데, 지금은 여러 사람들과 함께하고 있다. 북한산, 청계산, 관악산 등 서울에 있는 여러 산에서 다양한 분들과 함께하는데, 높은 산에 이렇게 쓰레기가 많을 줄 몰랐다고들 말씀하신다. 산 쓰레기를 하나하나 줍다 보면 성취감도 있고 지구를 위해 보람된 일을 하는 멋진 자신을 발견하게 될 것이다.

사람이 있는 곳은 어디에나 쓰레기가 발생하는데, 그곳에 머무르는 사람의 의식이 어떠한가에 따라 쓰레기가 있을 수도 있고 없을 수도 있다. 언제나 중요한 건 의식의 문제다.

테드 강연에 서다니!

TED & 인천대학교에서 연락이 왔다. 강연을 부탁하는 내용이었다. 나는 특별한 경험을 할 수 있을 것 같아서 무작정 "너무 좋은 것 같네요. 해 보겠습니다!"라고 말했다.

강연은 18분 정도로 준비해야 했는데, 코로나19로 인하여 관객이 없는 상황에서 녹화 강연을 한다고 했다. 비대면 강연이라 심적인 부담은 덜 되었지만 2주 동안 준비해야 할 것이 참 많았다. 그동안 활동해 왔던 것들을 이야기로 풀면서 쓰레기 산을 알리는 내용으로 원고를 만들었다. 자연스러운 대화가 아니고 강연이다 보니 대부분의 내용을 외워야 했는데, 잘 안 외워져서 쓰면서 정리했다.

드디어 강연 날, 인천으로 가는 데 이동 시간이 너무 많이 걸렸다. 강연장까지의 도로 상황 체크를 정확하게 못해서 시간에 쫓겨 헐레벌떡 뛰어 약속 장소로 갔다. 가끔 이동 시간이 예상과 달라서 가는 여정에서부터 지치는 경우가 종종 있는데, 그날이 그랬다. 발표할 PPT와 대본이 책상 위에 놓여 있었지만 몸이 지쳐서인지 외우고 정리한 것이 머릿속에서 자연스럽게 떠오르지 않고 자꾸 멈칫하는 느낌이 들었다. 몇 분 정도 연습하고 난 뒤에 마이크를 들고 강연 녹화를 시작했다.

TV에 나오는 멋진 강연자들처럼 감동을 주는 강연을 하고 싶었으나 말하는 것에 대한 두려움이 굉장히 많은 나는 관객이 없는 무대인데도 무척 떨렸다. 거의 대본을 그대로 줄줄 읽듯이 한 것 같다. 그나마 지지배 활동을 발표하고 쓰레기 산의 상황을 알리는 강연이어서 천만다행이었지, 만약 새로운 프로젝트를 발표하는 자리였다면 머릿속이 하얗게 되어 아무 생각도 안 났을 것 같다.

TED & 인천대학교 강연 후 두려움이 조금 극복된 것인지, 나는 환경 활동으로 강연을 하고 싶다는 욕심이 추가로 생겼다. 십 대 때 내 마음속에는 멘토 한 분이 있었다. 핵심만 살려서 유쾌하게 강연하시는 김창옥님을 정말 좋아했다. 그분은 우리의 삶 곳곳에서 부딪히는 문제들을 잘 풀어서 이야기해 주시고 따뜻한 위로를 전하며 위트 있는 멘트로 사람들과 소통하는 전문가셨다. 삶의 고민이 한참 깊을 때 그분의 강연이 귀에 쏙쏙 들어왔고 재미까지 있어서 벤자민학교를 다닐 땐 토크 콘서트에도 갔었다. 간접적으로 내 인생의 변화를 이끌어 주셨던 분이다.

나는 현장에서 뛰는 환경운동가로서 김창옥님처럼 영향력 있는 강연가가 되고 싶다. 내가 강연에 욕심을 내는 이유는 유명해지고 싶어서가 아니다. 환경 이야기를 많은 사람들과 나누고 싶고, 공감과 감동을 일으켜 삶 속에서 작은 변화라도 이끌어 내고 싶다. 그래서 떨리지만 기회가 된다면 계속 도전할 것이다!

동생들과 레스웨이스트 국토대장정

　추석 명절이 다가왔다. 하지만 코로나19 상황이라 거리 두기가 계속되고 있어서 할머니를 뵈러 가는 것도 조심스럽고, 그렇다고 집에만 있기에는 너무 의미가 없는 것 같아서 추석에 할 만한 게 뭐가 있을까 고민했다. 그러던 중 귀여운 사촌동생들과 추억을 만들어 보고 싶다는 생각을 하게 되었다.

　무엇을 하면 좋을까 찾다가 19살 때 대구부터 광주까지 270킬로미터 국토대장정을 했던 것이 떠올라 다시 한번 해 보기로 마음먹었다. 좌충우돌 사춘기를 겪고 있는 중학교 2학년 유성이, 천진난만한 초등학교 6학년 해진이에게 특별한 경험이 될 수 있을 것 같았다. 그리고 내가 그랬던 것처럼, 학교 다닐 때나 앞으로 살아가면서 그 경험이 큰 힘이 될 거라는 생각이 들었다.

추석 전에 대구로 내려가서 사촌동생들을 만나 국토대장정을 같이 하자는 제안을 했다. 예상했던 대로 해진이는 들뜬 표정을 지으며 "누나, 너무 좋아. 나도 갈래!"라고 말했고, 유성이는 시큰둥한 반응을 보였다. 그래서 몸을 써서 하루 종일 걷는다는 건 정말 대단한 일이라고 피자까지 사 주면서 긴 시간 설득했다. 유성이가 선뜻 대답을 못 한 데는 이유가 있었다. 새로운 것에 대한 두려움도 있었고, 학원 때문이기도 했다. 영어 학원 선생님이 엄청 철저한 분이셔서 영어 단어 테스트에 만점을 못 받으면 명절에도 학원에 나가야 한다고 했다.

국토대장정을 떠나기 이틀 전, 이모에게서 연락이 왔다. 유성이가 국토대장정을 하려고 밤을 새워 영어 단어를 외우더니, 한 개 틀리고 다 맞았다는 소식이었다. 역시 선택과 집중은 좋은 결과를 만든다.

나와 사촌동생 둘, 이모, 엄마 이렇게 5명이 포항 해파랑길 13, 14코스를 걷게 되었다(엄마와 이모는 한 코스만 걷고 우리를 기다려 주셨다).

나는 이번 국토대장정 미션을 쓰레기를 배출하지 않고 걷기로 정하였고, 사촌동생들은 쓰레기를 아무 곳에나 버리지 않고 분리배출을 잘하는 것으로 정했다. 새벽 시간에 고속도로를 달려 오랜만에 만난 드넓은 바다를 보고 우리는 합창하듯이 함성을 질렀다. 모래사장, 갈매기, 파도가 피곤함을 싹 잊어버리게 했다.

그런데 해파랑길을 걸으면서 충격적인 모습을 보게 되었다. 파도에 떠밀려와 해변에 쌓여 있던 쓰레기의 양이 많아도 너무 많았다. 해양수산부가 우리나라 동해, 서해, 남해 연안 40~60곳을 선정하여 2018년부터 현재까지 2개월에 한 번씩 정기적으로 국가 해안 쓰레기 모니터링을 실시하고 있는데, 갈수록 쓰레기의 양이 증가하고 있다고 한다. 특히 쓰레기의 개수가 2018년보다 2021년에는 4배가량 증가했다. 코로나19로 온라인 쇼핑이 늘고 배달 문화가 일상화되면서 일회용을 많이 사용하다 보니 크게 증가한 것이다.

그중 가장 많은 비중을 차지하는 쓰레기는 단연코 플라

스틱이라고 한다. 버려진 쓰레기들로 인해 바다 동물들의 목, 다리, 날개, 부리 등에 낚싯줄, 밧줄, 그물, 풍선줄 등이 걸리면 바다 동물들은 피할 수도, 먹잇감을 잡을 수도 없어 생존에 큰 지장을 받게 된다. 매년 바닷새 100만 마리, 고래, 바다표범, 바다소 등 보호해야 할 해양 포유동물 10만 마리가 해양폐기물 때문에 죽어가는 것으로 알려져 있다. 비닐봉지, 플라스틱 조각, 스티로폼 등은 바다 생물의 위장에 쌓여 포만감을 주어 결국 먹이를 먹지 않아 서서히 죽어가게 만들기도 한단다.

그 외에도 해양쓰레기로 인하여 피해 지역 민원이 국가 간 외교 현안으로 떠오르기도 한다. 바다에 버려진 쓰레기는 생산성을 떨어뜨리기도 하는데, 어망에 어획물만이 아니라 쓰레기까지 걸려 올라오는 경우가 자주 발생한다. 그것을 일일이 골라내야 하기 때문에 조업이 늦어지거나 어망이 망가져 다시 구입해야 하는 경우도 있다. 버려진 밧줄, 어망이 선박의 추진기에 감기거나 비닐봉지가 냉각수 파이프에 빨려들어가면 엔진에 과부하가 생겨 운항을 할 수 없는데, 선박사고의 10분의 1이 해양폐기물 때문이라고 한다.

우리가 해안가를 따라 걷던 이날은 태풍이 지나가고 며

칠 안 된 때라서 그런지 모래사장에는 횟집에서 사용하던 큰 수족관도 버려져 있었고, 폐어망과 부피가 큰 스티로폼들이 여기저기 나뒹굴고 있었다. 중국어와 일본어가 프린트된 바다를 건너온 페트병, 비닐봉지도 굉장히 많았다.

정말 충격적이었던 건, 해수욕장 인근에서 음식점 주인으로 보이는 아주머니께서 바닷물을 호스로 끌어다가 반찬통들을 씻어서 오염된 물을 그대로 바다로 흘려 보내고, 스티로폼 용기 같은 것을 바다로 던져 버리는 모습이었다. 걸어가다가 우연히 멀리서 목격한 상황이어서 그 아주머니께 따지지 못한 게 이후에도 기억에 남아 내내 속상했다. 정말 묻고 싶었다. "왜 바다에 버리나요?"라고.

사촌동생들도 그 상황을 보고는 나에게 물었다.

"누나, 왜 이렇게 바다에 쓰레기가 많아?"

"이건 어디서 온 쓰레기야?"

"누나, 나는 쓰레기 버릴 곳이 없으면 구석에 끼워 넣는데, 그것도 하면 안 되는 거야?"

역시 직접 보고 체험할 때 저절로 공부가 되는가 보다. 사촌동생들은 쓰레기를 모아서 제대로 버리는 것이 얼마나 중요한지를 이해하게 되었는지, 국토대장정이 끝날 때쯤에는 분리배출을 열심히 하고, 잘 모르는 분류 품목에 대해서는 이 쓰레기는 어디에 버려야 하는지 묻기 시작했다. 원래 남의 조언을 잘 듣는 사람도 가족의 말은 듣기 싫어하고 잔소리로 여길 때가 많은데, 동생들이 이해를 잘한 것 같아서 고마웠다.

하루 동안 30여 킬로미터를 걸으니 사촌동생늘도 기진맥진이었다. 하지만 우리는 목표 지점까지 잘 걸었고, 바닷바람과 자연을 마음껏 누렸다. 걸으면서 동생들과 몇 가지 약속을 했다. 가끔 바다로 쓰레기 줍기를 하러 오자는 것과 다음번에는 자전거 종주를 하자는 거였다.

서울과 대구는 거리가 있어서 사촌동생들과는 명절 때만 만나고 자주 보지 못한다. 그래서 엄청 친하지는 않았는데, 이번 국토대장정을 계기로 많이 친해졌고, 직접 체험을 하면서 환경 이야기를 할 수 있어서 너무 좋았다. 매일 하루가 끝날 저녁 때쯤엔 사촌동생들의 주머니엔 각자 먹은 과자 봉지 쓰레기들이 잘 모여져 있었다. 여행하는 사이에 자신이 만든 쓰레기는 가지고 와서 처리하는 습관이 든 거다. 뭔가 뿌듯

했다.

사촌동생들은 대구로 돌아갔고, 나는 이튿날에 울산까지 더 걸었다. 계속 레스웨이스트를 고집하며 걸었는데, 앞서 이틀간의 종주로 몸이 너무 지쳐 있었다. 쓰레기를 만들지 않으려다 보니 이동 중에는 되도록 먹지 않으려고 했는데 도저히 참을 수 없는 배고픔이 시작되자 식욕을 제어하기가 너무 힘들었다. 그래서 당 충전을 위해 초코바를 하나 꺼내 먹었다. 그제야 힘이 나고 살 것 같았다. 이틀 동안 50킬로미터 이상을 걸은 나는 그날 밤에 몸에 무리가 와서 숙소에 들어가자마자 뻗어 버렸다.

레스웨이스트를 해 보니 내가 살아가면서 쓰레기를 정말 많이 배출한다는 걸 새삼 알게 되었다. 그리고 배출을 안 하기가 정말 어렵다는 것도 느꼈다. 만약 레스웨이스트 국토대장정을 해 보고 싶다면 나처럼 무리하지 말고 걷는 거리도 적당하게, 천천히 자연도 구경하면서 하길 바란다.

책을 써 보지
않겠어요?

2021년 연말, 정신없이 바빴다. 감사하게도 KBS 환경스페셜 다큐멘터리와 YTN 환경 다큐멘터리에 출연을 했다. 방송 담당자가 유튜브와 일부 책자에 기사로 실린 나의 활동들을 보고 연락을 주신 거였다. 꾸준히 무언가를 하고 있으면 그 분야에 전문가가 되고, 세상에 전하려는 목소리에 점점 힘이 실리고, 좋은 기회도 오는 것 같다.

1, 2년 사이 함께하는 팀원들이 많이 생겼다. 팀원들과

작은 것부터 큰 것까지 일일이 소통하며 만들어 나갔다. 다큐멘터리 내용에 우리가 전하려고 하는 메시지가 잘 담겨서 그런지 외부에서 많은 연락이 왔다. 대학교에서도 연락이 왔고, 가족과 친구들에게서도 연락이 왔다.

가장 재미있었던 상황은, 고속버스를 타고 가던 중에 버스 안 모니터에 내가 나오는 것이었다. 뭔가 신기하기도 하고, 우리의 활동이 전국으로 전달되는 것 같아서 감사하기도 했다.

무엇보다 전혀 예상치 못한 사건이 생겼는데, 출판사에서 연락이 왔다. 편집자님이 지지배의 활동을 보았다며 한번 만나 보고 싶다는 거였다. 함께 책을 만들고 싶다는 내용의 메일을 받자 좀 당황스럽기도 하고 놀랍기도 했다. 지지배의 활동이 편집자에게 어떻게 생각되었는지 궁금했고, 뜻밖의 제안에 너무 감사했다. 방송 출연을 통해 책을 쓰게 될 줄이야! 앞으로 지구를 지키는 일들을 많이 하라는 하늘의 계시 같기도 했다.

한편으론 한 번도 작가가 된다는 걸 생각해 본 적이 없었기 때문에 걱정이 되었다. 하지만 대학교 때부터 해 왔던 다양한 활동들을 정리할 수 있는 계기도 되고, 나와 같은 청년과 청소년, 그리고 누군가와 지구를 살리는 방법을 함께 이야기하는 기회가 될 수 있겠다는 생각도 들었다.

지구를 살리는 행동은 사람의 생각, 의식의 전환을 통해 액션으로 나온다. 개개인이 모여 단체가 되고, 조직이 되고, 나라가 되고, 전 세계가 되는데, 개개인의 실천을 만들어 내려면 환경 교육이나 환경 도서를 접해 봐야 변화의 첫 스타트를 만들 수 있다고 생각해 왔었다. 그동안 환경운동을 하면서 간절히 바랐던 것이 있다면, 나 혼자 지구 지킴이가 되는 것이 아니라 다함께 지구 지킴이가 되는 거였다. 그 바람을 현실화하는 데 책이 중요한 수단이 될 수 있을 것 같았다. 그래서 책을 써 보기로 마음먹었다.

처음 해 보는 작업이라 서툴겠지만 내 이야기를 편안하게 쓰면 된다는 말에 조금은 자신이 생겼다. 가르치려 하지 않아도 되고, 내가 경험한 것들을 들려주기만 해도 환경 문제에 관심 있는 누군가에겐 큰 도움이 될 거란 출판사의 이야기를 듣고 나니, 재미있게 해 봐야겠다는 생각이 들었고 마음이 편안해졌다.

더 든든했던 건 친구 규빈이가 책에 멋진 삽화를 그려 주기로 해서였다. 세상을 행복하게 만드는 예술가(홍익화가)가

꿈인 미술과 학생인 규빈이는 어릴 적부터 공부를 잘했지만 자신이 정말 하고 싶은 것에 대해 계속 질문해서 자신의 꿈을 찾아낸, 진짜 그림을 좋아하는 친구다. 벤자민인성영재학교 한 해 선배이기도 하다. 내가 대안학교를 다니겠다고 선택하기 전에 1기 선배로서 색다른 인생의 길을 먼저 걸은 친구다. 그래서 그런지, 나의 고민을 누구보다 잘 들어주고 함께 생각을 나누면서 힘이 되어 주었다. 지지배 활동도 많이 도와주고 있는데, 가끔은 그림도 같이 그리면서 취미까지 공유하고 있다.

2017년부터 현재까지 나와 활동을 함께하고 있는 친구이기에 이 책의 내용을 독자들이 이해할 수 있도록 그림으로 잘 표현해 줄 수 있을 거라는 생각이 들었다. 그래서 바로 연락했는데, 규빈이도 태어나서 처음으로 책에 들어갈 그림을 그린다고 기뻐했다. 규빈이와 나에겐 책 작업이 설렘이면서 색다른 도전이기도 했다.

"책을 읽고서 지구를 지키는 일에 함께 참여하고 싶다면 '지지배' SNS나 유튜브 등 다양한 방법으로 연락 바랍니다!"

불멍도 좋지만,
줍고 놀자

　'여행에 미치다' 인스타그램 담당자에게서 연락이 왔다. 난 십 대 때부터 '여행에 미치다'라는 곳을 알고 있었고, 팬이었다. '여행에 미치다'의 제안 내용은 환경크리에이터와 경남 통영에 있는 연대도 섬에 가서 쓰레기를 줍고 탄소 배출을 줄이자는 캠페인을 하는 거였다. 다양한 환경 크리에이터들 중에서 지속적으로 꾸준히 활동하는 크리에이터를 뽑았다는데, 그중에 나의 스토리가 담당자에게 매력적이었는지 좋은 기회를 얻은 거였다. 내가 상상만 했던 '여행에 미치다'와 함께 "오늘도 탄소 없이"라는 주제로 여행을 가게 되다니, 정말 꿈만 같았다.

마침내 약속의 날이 다가왔다. 우리가 가기로 한 연대도 섬은 이동 시간이 거의 5시간이나 소요되었다. 선착장에 도착해서 배를 타고 들어가자마자 곧바로 집게와 포대자루를 챙겨서 해변으로 갔다. 청년 4명이서 해변가 한 곳을 정해서 쓰레기를 주웠는데, 정말 끝없이 나왔다.

파도에 밀려온 쓰레기들만 주우면 그나마 수월했을 텐데, 바위틈에 끼여 있는 산산조각 난 스티로폼을 주우려니 여간 어려운 일이 아니었다. 해변을 하얗게 덮은 비비탄 총알만 한 사이즈의 스티로폼은 마치 눈이 왔나 착각할 만큼 심각했는데, 진공청소기를 돌리고 싶을 정도였다. 무엇보다도 해양 동물들이 스티로폼을 먹이로 착각하고 먹으면 어쩌나 무척 걱정스러웠다.

사람들이 섬에서 낚시를 많이 해서 그런지 바위틈에 낚싯줄 쓰레기도 참 많았다. 낚시를 즐기는 사람들이 재미만 알고 바다가 더럽혀져 낚시를 즐길 곳이 점점 줄어든다는 건 모르는 사실에 너무 화가 났다.

함께 쓰레기를 주웠던 분들은 섬에 이렇게 쓰레기가 많을 줄 몰랐다며 놀라워했다. 사실 섬으로 여행을 가면 멋진 경치를 즐기기에 바쁘지 누가 쓰레기 주울 생각을 하겠는가!

점심부터 시작한 쓰레기 줍기는 해가 지고 어두워져서야 끝났다. 해변에 널려 있는 쓰레기를 소규모 인원이 모두 줍기란 역부족이었다. 드넓은 바다에 쓰레기들을 남겨 두려니 마음이 무거웠다. 다음에 다시 오게 된다면 30~50명 정도로 인원을 늘려 단체가 해변 청소를 목적으로 와야 그나마 제법 깨끗해질 것 같다고 생각했다.

우리는 포대자루 10개를 가득 채웠다. 어부들이 사용한 어망들도 많이 주웠는데 처음엔 바빠서 쓰레기를 마구 담았더니 나중에는 재활용할 것과 안 할 것을 분리하는 것도 일이었다. 그런데 해양에 버려졌던 쓰레기들은 대부분이 부식되어서 재활용으로 분류하기가 어려운 상황이었다.

섬에서 주운 쓰레기 중에는 폐스티로폼이 가장 많았다. 다행히 폐스티로폼은 따로 모아 놓으면 정부에서 운영하는 해양폐기물 처리 배가 와서 가져간다고 했다. 그동안 모르고 있었던 부분이었다.

섬에는 해양폐기물이 너무 많은데 그걸 치울 사람과 장비가 없어서 문제라고 한다. 육지에 있는 사람들이 주기적으로 가서 쓰레기 줍는 일을 하면 참 좋을 것 같다.

만약, 섬에 가족들과 놀러 간다면 불멍도 좋고 아름다운 풍경을 배경으로 사진을 찍는 것도 좋지만, 한 시간 정도 쓰레기 줍기를 한다면 참 의미 있는 여행이 될 것이다.

섬은 우리의 소중한 여행지이자 휴식처이다. 소중한 여행지가 쓰레기 섬이 되어 버리기 전에 "오늘 우리 쓰레기 한 시간만 줍고 놀자"라고 하면 어떨까 싶다.

배우님과
쓰레기 산 댄스

"다경씨, 혹시 안석환 배우님을 아시나요?"

어느 날, TBS 방송 작가님한테서 연락이 왔다. 설마… 내가 알고 있는 그분인가? 내가 초등학생 때 무척 좋아했던 드라마 〈꽃보다 남자〉에서 "잔디 세탁~"을 외쳤던 배우, 금잔디 아버지로 나오셨던 분이고, 드라마 〈경이로운 소문〉에서는 장물 역으로 나오신 분이다.

방송 작가님은 안석환 배우님과 함께 쓰레기 산 댄스를

추면 좋겠다고 했다. 댄스 챌린지를 홍보하는 기회도 되고, 좋아하는 배우님에게 우리의 활동도 알릴 수 있으니 거절할 이유가 전혀 없었다. 찬성, 대찬성이었다.

"해야죠, 해야죠! 하시죠!"

그래서 안석환 배우님을 만나기 전에 지지배 멤버들과 함께 평소보다 더 열심히 댄스도 맞춰 보고 어떻게 정중하게 인사를 드릴지도 이야기했다.

드디어 촬영 날, 안석환 배우님과 함께 재활용 선별장 앞에서 춤을 추었다. 쓰레기 산에서 춤을 추고 싶었으나 사정이 안 되어서 서울을 조금 벗어난 재활용 선별장으로 모였다. 당시는 코로나19가 심했던 시기여서 재활용 선별장도 섭외가 어려웠다. 그래서 평소에 연락을 드렸던 재활용업체 이사장님께 촬영 장소 협조 요청을 드렸다. 이사장님께서는 처음엔 허가가 쉽지 않다고 말씀하셨으나, 좋은 의도라 마침내 촬영을 허락해 주셨다.

촬영장이 모두 세팅되고 나서야 지지배 멤버와 활동가 친구들이 배우님과 함께 댄스를 맞춰 보았다. 쓰레기 산 댄스 챌린지 안무를 처음 배울 때, 나는 되게 열심히 연습했어도 다 외우기까지 오래 걸렸었는데 배우님은 금방 배우셨다.

배우라는 직업이 정말 대단하다고 생각했다. 안무의 포인트를 살리면서 표정까지 완벽했다. 이날 찍은 영상은 나의 인스타그램 릴스 영상에서 확인할 수 있는데, 시청하면 재미있을 것이다. 나도 가끔씩 다시 찾아보곤 하는데, 볼 때마다 웃음이 나온다.

배우님과의 촬영은 2021년 겨울, 크리스마스가 얼마 남지 않았을 때였다. 우리들의 의상 콘셉트는 환경미화원 복장 같은 느낌의 옷과 핑크 고무장갑이었고 안석환 배우님 것은 포인트가 되실 수 있도록 산타 모자를 준비했다. 배우님은 우리가 준비한 산타 모자를 쓰고 환하게 웃으며 춤을 추셨는데 우리가 짠 안무에 새로운 아이디어도 주셨다. 촬영이 끝나고 배우님은 인증 사진도 함께 찍어 주셨고, 사인도 해 주셨다. 그리고 우리들의 손을 일일이 잡아 주면서 열심히 하라고, 청년들이 정말 중요한 일을 하고 있다고 우리의 활동을 격하게 칭찬도 해 주셨다.

"35년 동안 카메라 앞에 섰지만, 쓰레기 더미 앞에서 댄스는 아주 특별했습니다."

배우님에게도 쓰레기 앞에서의 댄스는 아주 특별한 의미였던 것 같다.

〈보그 VOGUE〉 잡지에
나의 이야기가!

나는 상상하는 걸 즐긴다. 평소에 무언가를 시작하기 전에 그 일이 성공적으로 진행되는 모습을 미리 상상해 보기도 하고, 다 이루어져서 기뻐하는 모습도 상상한다.

그 다양한 상상 중의 하나는 잡지책에 쓰레기 문제를 알리는 나의 기사가 실리는 것이었다. 내가 인터뷰한 잡지를 읽은 사람들이 '왜 쓰레기 산 문제를 알리고 있을까?' '왜 저런 활동을 할까?'라고 궁금해 하면서 '쓰레기 산'이라는 단어를 검색하고 유튜브를 보면 정말 감사하고 기쁘겠다고 상상했었다. 그런데 운이 좋게도 그 상상이 실제로 이뤄졌다. 내가 보그 코리아VOGUE KOREA에서 선정한 '시대의 지각변동을 이끄는 24인' 중에 환경 분야에서 뽑힌 거다.

패션 잡지로 유명한 〈VOGUE〉지에 나의 이야기가 실리는 것이 조금은 의아했다. 현재 전 세계의 의류 쓰레기는 우리가 상상하는 것 이상으로 심각하게 지구 환경을 오염시키고 있는데, 그러한 상황이 잡지 주제 선정에 참작이 된 것 같았다. 이번 인터뷰 기사에 필요한 사진 촬영을 하면서 나에겐 가슴 절절하게 바랐던 것이 있었다. 단 한 사람이라도 좋으니까 패션 잡지 기사를 읽고 쓰레기 문제에 관심을 보였으면 하는 거였다.

"홍다경 한 사람이 쓰레기 분리배출을 아무리 잘한다고 해도 세상은 절대 바뀌지 않아. 너 혼자 해서 어디까지 되겠냐?"

이렇게 이야기하는 사람들이 내 주변에 의외로 참 많았다. 나의 활동에 사람들이 공감하고 반응해 주어야 지구를 지키는 일에 도움이 될 텐데 쉽게 늘어나지 않는 팔로워 숫

자와 조회수를 볼 때마다 힘이 빠지기도 했었다. 그때마다 나도 이게 뭐라고 이렇게까지 마음을 쓰나, 그만둘까 고민도 했었다. 당연히 흔들린 적도 있었다. 하지만 이왕 시작한 이상, 끝을 봐야겠다는 생각이 들어서 쓰레기 문제와 쓰레기 산 문제를 계속 세상에 외쳐야겠다고 결론 내렸다. 앞으로 많은 분들에게 외칠 수 있는 기회가 〈VOGUE〉 잡지처럼 또 오면 좋겠다.

언젠가는 쓰레기 문제가 해결되겠지 하고 긍정적으로 생각하는 건 좋지만, 그 언젠가가 너무 늦어지면 안 된다. 지구는 단 하나뿐인 공간이니까.

나의 친절하신
유튜브 구독자님들

나는 유튜브를 시작하기 전까지는 영상 기획이나 영상 편집을 해 본 적이 없었다. 하지만 지속적인 환경운동과 홍보를 위해서는 꼭 해야만 하는 상황이었다. 오프라인 활동만으로는 홍보에 한계가 있었고, 시공간의 제약도 많았다. 그래서 아무것도 모르는 상태에서 유튜브를 시작해 지금까지 하고 있고, 지금도 노력 중이다.

그런데 매번 느끼는 것이지만, 업데이트할 콘텐츠를 구

상하고 만든다는 게 정말 쉽지 않다. 나의 유튜브 구독자 수는 이제 겨우 천여 명이다. 구독자를 늘리는 게 정말 어렵다. 나의 기획과 편집 능력이 부족해서인가 싶은 생각이 들 때면 조금은 자신이 없어지기도 한다.

환경 유튜브 중에서 구독자가 많은 곳의 영상을 보면 환경 문제를 정확하고 쉽게, 그리고 세련되게 알리면서 사람들에게 감동을 주고, 개인의 행동과 기업이 행동까지 변화를 만들어 낸다. 그 예로, 일본 페트병과 한국 페트병을 비교하면서 라벨 개선을 이야기한 유튜브 영상이 그랬다. 그 영상이 폭발적인 인기와 조회 수를 기록하면서 2018~2019년 사이에 페트병 라벨 개선을 촉구하는 뉴스 기사와 사람들의 목소리가 나오기 시작했다. 실제로 기업들은 비접착 라벨로 교체하거나 아예 페트병에 라벨을 없애 버렸다.

또 다른 예는 넷플릭스에서 시청할 수 있는 다큐멘터리인데, 한국에서도 크게 이슈가 되었다. 환경 이슈에 관심이 있는 사람이라면 아마도 보았겠지만, 대부분의 사람이 모를 것 같아서 제목을 공유하자면 〈씨스피라시(Seaspiracy)〉이다.

〈씨스피라시〉는 Sea+Conspiracy 두 단어를 합쳐서 만든 제목이다. "바다에 얽힌 음모"라고 해석할 수 있다. 89분의 이 다큐멘터리는 전 세계 수산업이 우리의 삶과 환경에 미치는 영향에 대한 실체를 이야기하고 있다. 나는 이 영상을 보고 충격을 받았다. 상업적 어업으로 인한 환경 파괴의 심각성을 감추기 위해 대중들의 관심을 일회용품 사용 줄이기 등과 같은 엉뚱한 곳으로 시선을 돌리고 있다는 내용과 더불어, 앞으로 27년 뒤 바다 생태계가 회생 불가능한 수준으로 파괴되는 것을 막기 위해서 '지속 가능한 어업'이 가능한지에 대해 세계에 화두를 던진다.

〈씨스피라시〉로 인하여 해양 생물에 대한 사람들의 관심이 높아졌고, 어획할 때 해양폐기물이 심각하게 발생하는 것이 알려지면서 국가 규제가 나오고 변화가 만들어지기 시작했다.

이런 상황을 놓고 보면 영상을 통한 환경운동이 세계 여러 사람들의 공감을 불러일으켜서 실천까지 만들어 내는 매우 큰 매체라는 생각이 든다. 그래서 그 가능성을 보고 나도 유튜브를 열심히 운영하고 있는데, 정말이지 쉽지 않다. 주 1회씩 유튜브 콘텐츠를 업로드하고 있지만, 가끔은 그만하고 싶을 때도 있다. 그때마다 나에게 큰 힘이 되어 주는 것은 구독자분들의 응원이다.

최근에 〈헤럴드경제〉 기자님에게서 연락이 왔다. 지지배 유튜브 구독자이신데(현재는 '청년환경운동가 홍다경'으로 채널 이름 변경), 쓰레기 산 활동을 예전부터 지켜보고 있었다면서 인터뷰를 요청하셨다.

사실 영상을 잘 만드는 전문 매체에서 쓰레기 산 관련 인터뷰를 요청하시면 정말 신이 난다. 내가 만드는 것보다 그분들이 만드는 게 몇 배나 더 효과적이고 재미있기 때문이다. 한마디로 콘텐츠 퀄리티가 높아진다. 그래서 〈헤럴드경제〉 스튜디오에 지지배 멤버들과 즐거운 마음으로 함께 다녀왔다.

신문사의 건물 옥상에는 기후 위기를 알리는 시계가 있었다. 우리가 갔을 때, 기후 위기를 막아야 하는 데 남은 시간이 7년이라고 표시되어 있었다. 시간으로 표현돼서 그런지 얼마 남지 않았다는 것이 크게 다가왔고, 그래서 지금까지도 또렷하게 기억이 난다. 난 원래 사람의 이름을 잘 기억하지 못하고 어제 무엇을 했는지도 생각이 잘 안 날 정도로 건망증이 심한데, 그날의 시계가 지금까지 기억나는 걸 보면 꽤 충격적이었나 보다.

스튜디오에 도착한 우리는 쓰레기 산 댄스를 추기 위해 방독복을 갖춰 입고 분홍색 고무장갑을 끼고 1시간 30분 동안 인터뷰를 했다. 질문이 거의 열다섯 가지는 되었던 것 같은데, 질문이 많아서 오히려 좋았다. 영상을 만드실 때 우리가 한 여러 이야기 중에서 핵심만 뽑아 편집해 주실 거라는 믿음도 있었다. 인터뷰 마지막에는 나에게 하고 싶은 말을 하라고 시간을 주셨다.

"청소년과 청년들에게 쓰레기 산을 감시할 수 있는 권한이 생기고, 각 마을에 산불 감시단이 있듯이 쓰레기 산 감시단이 만들어지면 좋겠습니다."

기자님은 나의 이 말을 매우 독특하다고 생각하셨던 것 같다. 정부에서도 당연히 해야 하지만 우리 마을, 우리 동네를 함께 보호하고 지켜나가는 일에 청소년과 청년들이 나서면 쓰레기 산이 사라지지 않을까?

유튜브 구독자들 중에는 〈헤럴드경제〉 기자님처럼 우리의 활동을 알리는 데 도움을 주시는 분들도 계시고, 여러 가지 기술적인 도움을 주시는 분들도 계신다. 또한 올리는 영상에 대해 바로바로 피드백을 해 주시는 분들도 계신다. 그중에 영상에 해시태그를 효과적으로 다는 방법을 알려 주신

PD님이 계셨는데, 그때 조언해 주신 대로 해시태그를 수정했더니 정말 신기하게도 조회수가 5배는 올랐다. 이 세계에도 고수는 있었다.

구독자 중에 환경미화원으로서 직장생활 모습을 보여 주는 유튜브 채널 운영자님이 계시는데, 영상에 항상 정성스럽게 댓글을 남겨 주신다. 일하시느라 몸도 많이 피곤하실 텐데 섬세하게 도움을 주시는 이런 분들이 계셔서 유튜브 채널이 꾸준히 성장해 가고 있다.

환경 유튜브 콘텐츠를 제작하는 사람들이라면 공감할 텐데, 조회수가 형편없을 땐 '계속해야 하나?' 하는 질문이 생긴다. 그럴수록 발전할 방법을 계속 찾고 포기하지 말고 오래도록 함께 잘 가면 좋겠다. 먹방, 연예, 여행, 게임 콘텐츠 유튜브 채널처럼 환경 콘텐츠 유튜브도 인기가 많아지면 환경 유튜버도 많아지고, 지구 환경에 대한 관심도도 자연스레 올라가지 않을까? 당장 영향력 있는 인플루언서가 못 되면 또 어떤가.

"한두 명의 구독자들이라도 귀하게 여기며 앞으로도 열심히 활동하겠습니다."

서울 인근 하천에서
플로깅

서울은 한강변 관리를 참 잘하는 것 같다. 운동하러 나가 보면 쓰레기가 거의 보이지 않는다. 하지만 서울 인근의 하천에는 쓰레기들이 많이 버려져 있는 모습을 볼 수 있다.

플로깅 행사는 많은 사람이 쓰레기를 줍고자 참여하는 행사이기 때문에 쓰레기가 눈에 띄는 곳에서 해야 의미가 있다. 그래서 행사를 진행하려면 쓰레기가 잘 보이는 곳을 미리 찾아 두어야 한다. 플로깅에 참여한 사람들이 플로깅의 의미를 함께 공감하고 그 가치를 나누려면 어떤 장소에서 하느냐가 정말 중요하다.

우연한 기회로 인터뷰했었던 '유한킴벌리'와 함께 플로깅 행사를 하게 되었다. 참가 인원이 20명이라 기획하는 데 있어서 장소 선정이 무엇보다 중요했다. 서울 지역 하천 몇 곳을 찾아 두었고, 그 장소가 어떤 곳인지 '네이버 거리뷰'를 통해서도 확인했다. 하시만 거리뷰만으로는 현지 상황을 정확하게 알 수가 없다. 쓰레기가 있는지 없는지도 구분할 수 없고, 여러 사람이 움직여야 하는데 만약 공사라도 하고 있으면 위험할 수 있어서 확실한 현장 답사가 필요했다.

우리는 3일 동안 서울 시내 전체 하천을 돌아다녔다. 정릉천, 성북천, 홍제천, 성내천을 돌아다녔는데, 그 덕분에 서울의 하천 지리를 제대로 알게 되었다. 처음에는 시간 낭비 같았지만, 플로깅 장소를 결정하고는 생각이 바뀌었다. 이렇게 미리 현장에 와 보면 다음번에 플로깅할 장소도 쉽게 결정할 수 있으니 좋다.

플로깅은 자신이 사는 동네에서 가장 가까운 곳부터 해 보는 것을 추천하지만, 만약 서울 하천에서 쓰레기 줍기를 하고 싶다면, 추천하고 싶은 곳이 있다. 넓은 곳에서 쓰레기를 줍겠다면 성내천, 정릉천, 홍제천을 추천하고, 좁지만 거리에 있는 쓰레기를 주우려 한다면 성북천을 추천한다. 한강은 범위가 넓기도 하고 쓰레기가 많지 않아서 플로깅 장소로는 그리 좋은 선택지는 아니다. 아마도 구역마다 관리하는 공무원분이 많이 계셔서 그런 것 같다.

'유한킴벌리'와 함께 진행하는 플로깅은 홍제천을 따라서 젊은 유동 인구가 많은 연남동 경의선숲길 공원까지 걸으며 진행했다. 참여자분들에게 가장 중요한 안전 유의 사항 공지를 마치고, 유한킴벌리에서 제공해 준 생분해 쓰레기봉투와 크린가드 장갑 등 물품을 나눠 준 뒤에 모두 함께 파이팅을 외치고 홍제천에서부터 플로깅을 시작했다.

우리는 두 팀으로 나누어 쓰레기 종류별로 플라스틱, 캔, 일반쓰레기로 분류해 주웠다. 홍제천 산책길에는 구석구석 숨바꼭질하고 있는 쓰레기들이 많았다. 경험 있는 지지배 활동가들이 집게를 가지고 깊숙한 곳에 꼭꼭 숨어 있는 쓰레기들을 찾아냈고, 담배꽁초 같은 자잘한 쓰레기는 장갑 낀 손으로 주저함 없이 주웠다. 큰 것을 줍는 것도 중요하지만 작은 쓰레기들은 새들이 먹이로 착각하는 경우가 있어서 반드시 주워야 한다.

하천에는 간혹 돌 밑에 과자 봉지나 술병들이 끼여 있는 게 보였다. 먹고 마신 후 제대로 치우지 않고 돌 밑에 숨겨 놓아서 생긴 쓰레기였다. 그것을 찾아 꺼내고 분리하는 데 생각보다 시간이 오래 걸렸다. 홍제천을 따라 걷는 길은 도보길과 자전거 길이 같이 있어서 달리는 자전거 때문에 위험한 상황도 많았다. 그래서 나는 호루라기를 목에 걸고, 자전거가 올 때마다 열심히 불어댔다.

연남동 경의선숲길 공원으로 이동할 때는 홍제천에서 주운 쓰레기의 양이 너무 많아서 그걸 옮기는 게 더 힘들었다. 우리가 홍제천에서 주운 쓰레기는 종류가 정말 다양했다. 부서진 식탁도 나왔고, 폐현수막, 폐타이어, 식기도 보였다. 아마 전년도 여름에 태풍이나 홍수로 떠내려 온 것들로 보였다. 홍제천 2.3킬로미터 구간을 1시간 30분에 걸쳐 플로깅하고 모은 쓰레기를 분류하기 위해 연남동 경의선숲길 공원에 모두 모였다.

쓰레기를 분류한 결과 담배꽁초 5리터, 재활용품 100리터, 일반쓰레기 200리터가 나왔다. 우리는 그날 주운 쓰레기로 작은 쓰레기 산을 만들어 기후 위기에 대한 경각심을 표현하는 퍼포먼스를 했다.

플로깅을 함께한 활동가분들은 가장 실천하기 쉬운 활동이면서 환경을 지킬 수 있는 일을 해서 좋았다고 소감을 말씀하셨다. 또한 우리 주변에 함부로 버려진 쓰레기가 너무 많아서 마음이 무겁게 느껴졌다는 분도 계셨다. 그리고 사람들의 손이 닿지 않는 곳을 정화하면서 자신의 양심을 깨울 수 있었던 시간이었다고도 하셨다.

지지배는 한 달에 두세 번씩 일반인들과 함께 산, 하천, 바다 인근에서 플로깅을 하고 있다. 우리가 발을 딛고 있는 이 지구가 깨끗해지고, 환경을 생각하는 사람들이 많아지는 그날까지 지지배의 소중한 액션은 계속된다.

레스웨이스트
다이어트가 뭐지?

나는 쓰레기를 최대한 배출하지 않으면서 다이어트를 하고 싶었다. 이름하여 '레스웨이스트 다이어트(Less Waste diet).' 함께할 팀원들을 모으기 위해 지지배 활동가분들 중에서 자발적으로 참여할 신청자를 받았다.

총 3명의 신청자들과 어떻게 쓰레기를 줄이며 다이어트를 할지 방법을 회의했고, 자신의 목표치 체중도 정했다. 각자 쓰레기봉투를 준비해서 약 3주 동안 하기로 기간을 정했다. 요즘 다이어트 후에 보디 프로필을 찍는 사람들이 많은데, 우리는 지구를 위해 쓰레기를 줄이면서 다이어트에 성공한 기념으로 비포와 애프터 사진을 찍기로 했다.

현재의 나의 몸 상태를 알 수 있는 옷을 입고 쓰레기봉투를 들고 예쁘게 사진을 찍는 것부터 시작했다. 그리고 3주 후에 쓰레기봉투와 나의 변화된 몸 상태를 체크하기로 했다. 사실 제대로 의미 있게 다이어트하려면 기간을 좀 더 길게 잡아야 했지만 몸 다이어트보다는 쓰레기 다이어트에 초점을 맞추기 위해 도전 기간을 짧게 잡았다.

나의 3주 도전은 생각했던 것과는 많이 달랐다. 쓰레기를 배출하지 않고 먹는다는 게 쉽지 않았다. 슈퍼의 상품은 모두 포장이 여러 겹 되어 있고, 특히 인스턴트 식품은 이중삼중 포장된 것이 많았다.

제육볶음을 해 먹고 싶어서 고기를 담아 올 용기를 챙겨 정육점에 갔다. 그러면 고기를 잘라서 줄 때 최소한 비닐쓰레기가 안 나오지 않을까 나름 생각했던 거다. 그런데 이게 웬일! 쇠꼬챙이에 매달려 있는 고기를 쓰윽 잘라 주시는 걸 상상하고 갔는데 냉장고에서 비닐로 둘러싸인 고기를 꺼내시는 거였다. 식육점 아저씨는 고기를 싸고 있던 비닐은 그냥 일반쓰레기통에 버리곤, 고기를 잘라 주셨다. 아, 비닐 쓰레기가 이미 발생해 버렸다. 내가 고기를 받기 위해 그릇을 내밀자 아저씨는 비닐 봉투가 있는데 왜 군이 힘들게 그릇을 들고 왔냐고 말씀하셨다. 쓰레기를 줄이겠다는 취지라고 말씀드렸지만 괜한 일을 한다는 표정으로 나를 바라보셨다.

이것 외에도 하루에 한 포 비타민을 챙겨 먹으면 비닐 쓰레기가 생겼고, 녹차를 마시면 종이 포장지와 티백 쓰레기가 배출되었다. 녹차와 비타민마저 끊어야 하나, 다른 대안은 없을까 하며 매번 입에 뭔가를 넣을 때마다 고심하게 되었다.

나는 자취생이라서 바쁘거나 밥을 해 먹기 귀찮으면 배달을 시켜 먹곤 했었다. 그런데 이 프로젝트를 하고 나서는 확실히 배달도, 군것질도 줄였다. 그리고 수시로 '어떻게 하면 쓰레기 배출을 줄일 수 있을지'를 고민하게 되었다. 자취를 하면 끼니를 대충 때울 때가 많은데 이 프로젝트 덕분에 집에 있는 재료로 요리하면서 요리 실력도 늘었다.

함께한 한 팀원은 회사에서 밥을 먹을 때 음식을 안 남기고 다 먹을 수 있는가를 점검하기 시작했다. 혼자서 하는 것보다 여러 명이서 함께 체크하니까 그만큼 더 확실하게 쓰레기를 줄이는 데 효과가 있었다.

　레스웨이스트 다이어트로 쓰레기 배출을 확실히 많이 줄였다. 그러나 몸무게는 그만큼 줄이지 못했다. 첫 시도에 다들 목표치만큼 줄이지 못했지만, 이 활동이 나에게도 좋고 지구에게도 좋아서 한 번 더 레스웨이스트 다이어트를 진행하기로 했다. 두 번째 할 땐 몸무게를 3~8kg까지 줄인 사람도 있었다. 하지만 이때도 나는 줄이지 못하고 오히려 더 살이 쪘다. 나는 물만 먹어도 살이 찌는 체질인가 하는 우스운 생각이 들었다.

기회가 된다면 나도 좋고 지구도 좋은 레스웨이스트 다이어트를 해 보길 추천한다. 눈에 보이는 결과물이 있다 보니 환경 문제에 무관심했던 사람도 관심이 생기는 것 같다.

레스웨이스트(Less Waste) 다이어트 방법은?

1. 비닐 사용을 줄이기 위해 '나만의 다회용기'를 챙기자!
다회용기에 음식을 받아서 포장해 오면 된다.

2. 물은 최대한 끓여서 먹자!
플라스틱에 담긴 생수보다는 끓여 마시는 게 건강에 좋을 거다.

3. 소금으로 양치질을 해 보자!
치약 성분이 건강에 좋지는 않다고 한다. 쓰다 남은 덜 짜진 치약은 그냥 버리지 말고, 잘라서 청소할 때 사용해 보자. 치약으로 세면대를 닦으면 반짝반짝 빛이 난다.

4. 필요한 물품 구입은 제로웨이스트 숍에서!

내가 꿈꾸는
'이로운 지구생활 여행'

여행 중에는 일상 생활을 할 때보다 과한 소비가 일어난다. 급하게 떠난 여행이면 일회용품을 사게 되고, 꼼꼼하게 준비해서 떠난 여행이어도 평소보다 더 많은 먹거리를 준비하게 된다. 또 신나는 기분에 꼭 필요한 물건이 아닌데도 기념품으로 사기도 한다. 이런 우리의 여행 모습에 대해 고민하면서 지지배 팀원들과 색다른 여행을 기획했다. 우리는 이 여행의 주제를 '이로운 지구생활 여행'이라고 정했다.

우리가 선택한 장소는 태안반도 바다, 참가 인원은 6명, 음식물쓰레기는 제로화, 일반쓰레기 최소화, 활동은 바닷가 정화, 자석 낚시로 해양 정화까지 계획했다. (여행을 겸한 지지배 활동은 이런 식으로 늘 새롭고 다양하다. 함께하고 싶다면 지지배에 자주 찾아와 공지를 확인해 주세요.)

우리는 약간의 경쟁을 위해 팀을 나누어 팀별로 시장과 마트에서 장을 봤다. 쓰레기를 줄이려고 해도 시장과 마트라는 특성 때문에 장소별로 다양한 상황이 만들어졌는데, 이럴 때는 머리를 굴려 아이디어를 짜내는 노력이 필요하다. 가령, 야채나 과일은 포장지 쓰레기가 안 나오도록 시장에서 필요한 만큼만 샀다. 시장에서 필수로 사용하는 검정 비닐봉지에 담지 않기 위해 각자 집에 있는 장바구니를 가지고 와서 담았다. 개인이 준비한 용기들은 시장에서 많이 사용되었는데, 김치와 삼겹살은 먹을 만큼만 용기에 담아 구매했다. 매번 검은 비닐봉지에 담아 주는 게 습관이 되어 있는 시장의 상인분들은 이런 상황을 어색해 하셨다.

마트에서는 일회용보다 재활용이 가능한 것들을 위주로 구입했다. 쓰레기 배출을 안 하고 싶어도 마트에서는 소분해 비닐 포장해 놓아서 어쩔 수 없이 포장지가 가득한 채로 물건을 사야 했다. 식재료들이 우리 식탁에 오르기까지 포장지가 정말 많이 사용된다는 걸 다시 한번 느끼는 시간이었다.

1박 2일 동안 쓰레기 배출을 아예 안 할 수는 없으니 각 팀에게 쓰레기 배출 허용 기준을 잡아 주었다. 플라스틱이나 캔, 유리, 종이는 분리배출하도록 했고, 그 외 쓰레기는 600밀리리터 용기에 배출하도록 했다. 음식물쓰레기도 최소로 배출하기로 했는데, 그 기준을 어길 경우엔 벌칙을 받기로 했다. '여행 와서 이렇게까지 해야 돼?'라고 생각할 수도 있지만, 뭐든 생각하기 나름이다. 혹독한 상황도 즐기면 좋은 여행으로 기억된다. 그리고 스스로 선택한 고생은 고생으로 여겨지지 않는다.

저녁 식사 시간이 가까워오자 우리는 용기에 담아 온 식재료로 먹을 만큼만 요리했다. 배출할 쓰레기를 생각하며 음식을 하다 보니 완성된 음식의 양이 식욕이 왕성한 청춘들에겐 좀 부족했지만 남는 것보다는 부족한 게 더 낫다며 모두들 만족해했다.

다음날 아침엔 눈을 뜨자마자 배가 고파진 우리는 남아 있는 재료로 빠르게 요리해 맛있게 먹었다. 처음 계획했던 대로 음식물쓰레기 배출이 거의 없이 식사를 잘 해먹었다.

기억나는 재미있었던 상황은 시장에서 산 상추 때문에 벌어졌다. 비닐봉지에 담아 주시려는 아주머니께 용기에 담아달라고 하며 여행의 목적을 말씀드렸더니 상추를 덤으로 더 주셨던 거다. 그 양이 너무 많아서 아침 식사 때 남기지 않으려고 토끼처럼 상추를 뜯어 먹기도 하고 유부초밥을 싸서 먹기도 했는데, 가끔씩 그때 일을 떠올리면 웃음이 난다.

낮 활동으로는 꽃지해수욕장 인근과 태안 앞바다에서 '비치코밍(Beach Combing)'을 했다. 비치코밍은 해변 정화 활동을 말하는데, 해변을 빗질하듯 바다 표류물이나 쓰레기를 주워 모으는 것이다. 우리는 해변에서 주운 것들로 재활용 작품을 만들기도 했다.

마지막 날엔 계획대로 자석 낚싯대를 만들어서 바닷속 쓰레기를 치우기로 했다. 자석 낚시는 긴 로프에 자석을 매달아서 바다에 던져 오랫동안 묵혀 있던 고철 쓰레기들을 건져 내는 활동이다.

자석 낚시의 방법은 이렇다. 자석과 5~20미터 정도의 로프, 그리고 덕트 테이프를 준비한다. 도넛 모양 자석에 로프를 묶고 자석이 부식되지 않도록 덕트 테이프로 감싸 주면 자석 낚싯대가 완성된다. 해외에서는 자석 낚시로 아이폰,

총, 자전거 등을 건져 올렸다는데, 우리는 어떤 것들을 건져 올릴지 기대가 되었다.

힘들게 자석 낚싯대를 만들어서 큰 것이 낚이기를 기대하며 계속계속 바닷속에 자석 낚싯대를 던졌다. 무엇이 건져 져 나올까 하는 궁금증 덕분에 지루하지 않고 재미있었다. 작은 볼트 같은 것들이 자석에 붙어서 올라왔고, 특별한 건 낚을 수 없었다. 우리의 낚시 실력이 부족했던 건지, 우리가 간 바닷속이 깨끗했던 건지 모르겠지만 소득이 없어도 재미 있었다.

다음에 기회가 된다면 바다 말고 한강에서 자석 낚시를 해 보면 좋겠다는 생각을 했다. 우리가 자석 낚시를 할 때 지나가시던 분이 바다에서 무엇을 낚고 있는지 궁금해 하셔서 자석 낚시에 대해 설명 드렸더니 신기해하셨고, 좋은 일을 한다며 칭찬과 격려를 해 주셨다.

해양 정화 활동까지 하고 난 뒤, 1박 2일 동안 찍은 특별한 장면을 즉석 사진 인화기로 출력해서 함께 봤다. 사진을 보면서 이번 활동에 대해 서로 소감을 말하는 시간을 가졌다. 한 참여자는 여태껏 시장에서 장을 볼 때 용기를 가지고 가 본 적이 없었는데 집에 가서도 시도해 보겠다고 했다. 또

다른 참여자는 배달 음식을 시켜먹지 않고 직접 구매해 온 식재료로 요리할 수 있어서 뿌듯했다고 말했다. 자신의 요리 실력이 좋다는 걸 처음 알게 되었다며 앞으로 직접 요리를 해서 먹어야겠다고도 했다.

여행을 좋아한다면 친환경 여행을 통해 이로운 지구 생활을 경험해 보라고 추천하고 싶다. 뿌듯한 기분을 느끼는, 그리고 일상으로 돌아가서도 어떻게 하면 지구에 이로운 생활을 할 수 있을지 고민하는 기회가 될 것이다.

플로깅이
마케팅?

활동을 하다 보면 한 번씩 당혹스러운 일을 겪기도 한다. 최근 들어 환경 이슈가 관심을 받다 보니 지지배에 제안해 오는 단체들이 늘고 있는데, 가끔은 우리의 활동을 이용만 하는 경우가 있어서 함께하는 것이 조심스러울 때가 있다.

어느 날, 모 단체로부터 연락을 받았다. 지지배의 활동에 진정성이 느껴져서 함께했으면 좋겠다고 했다. 함께 플로깅을 해도 좋고, 환경보호를 위한 다양한 활동을 기획해 보자고 했다. 이런 연락이 오면 나의 뇌는 어떤 활동을 하면 좋을 지를 궁리하느라 빠르게 돌아간다.

하지만 담당자와의 통화만으로는 그 단체가 어떤 정체성을 가지고 무슨 의도로 환경 활동을 하려는지 알 수가 없어서 곧바로 수락하기가 조심스럽다. 그래서 그 단체가 어떤 활동을 하는지 살펴보기 위해 그분들의 활동에 초대해 주시길 부탁드렸고, 약속한 날에 이른 새벽부터 서둘러 현장으로 갔다.

그런데 이상하게도 약속된 장소엔 아무도 없었다. 행사 장소가 변경된 거였다. 게스트 자격으로 참여하게 된 나에게 변경된 장소를 공지해 주지 않았다는 사실이 무척 당황스러웠다.

우여곡절 끝에 변경된 장소로 찾아가 참여한 행사는 보여 주기식이었다. 플로깅을 하겠다고 모였는데 행사 장소는 쓰레기가 거의 없는 매우 깨끗한 곳이었고, 한쪽에선 공공 근로로 일하는 분들이 쓰레기를 줍고 계셨다. 순간 '이게 맞나?'라는 생각이 들었다. 행사에 참여하고자 찾아온 사람들은 의미 없이 서성거리다 돌아갔다.

주최 측에서 사전 답사를 안 한 티가 났다. 참가비는 많이 받았으면서 쓰레기를 주운 시간은 고작 30분 정도라니…. 물론 플로깅을 얼마나 오래 하는가가 중요한 건 아니다. 하지만 적어도 참여한 사람들에게 플로깅을 왜 해야 하는지 그 의미를 느끼게는 해 줘야 하는데, 행사 준비를 이렇게 허술하게 하다니… 문제가 있다고 생각했다.

행사 시간, 장소, 게다가 방식까지 모두 참여자들과 제대로 소통이 이루어지지 않은 게 여실히 보였다. 비용을 내고 참석한 플로깅에 진심인 참가자들을 배려하지 않은, 오직 자신들 단체만을 위한 행사 같은 분위기였다. 이런 '하지 않아도 될 경험'은 참으로 오랜만이라 당황스럽기도 하고 화도 났다. 그나마 다행인 것은 그 단체와 협업하기 전에 상황을 알게 되었다는 점이었다. 과정과 의미보다 결과만 얻어내려는 의도가 보였던 그 단체와는 함께하지 않았다.

최근 들어서 ESG에 관심 있는 기업과 단체들이 많아졌다. 'ESG'는 Environment(환경), Social(사회), Governance(지배구조)의 머리글자를 딴 단어로, 기업 활동에 친환경, 사회적 책임 경영, 지배 구조 개선 등을 고려해야 지속 가능한 발전을 할 수 있다는 철학을 담고 있다. 하지만 안타까운 현실은 이것을 마케팅적으로만 이용해서 환경 활동을 보여 주기 식으로 하는 곳이 있다는 게 문제다. 소비자가 이것을 잘 알고 진정성을 가진 기업과 단체를 잘 구분해서 함께 목소리를 내고 활동의 변화를 요구해 나갔으면 좋겠다.

나 또한 지구를 지키는 일을 콘텐츠로 삼는 사람이기 때문에 더욱 환경과 자연에 대해 공부할 것이다. 정치, 경제, 사회 등의 고민을 잘 살펴보며 어떤 행동이 진정으로 나와 지구를 위한 일인지 잘 알아야 하니까 말이다.

말로만 하는 환경운동이 아닌, 진심을 다하는 활동가가 되어야겠다고 또다시 생각했다.

처음 해 본
나무 심기 활동

지지배의 활동가들은 대부분 청년들이다. 청년들은 놀기도 좋아하지만 새로운 활동(도전)을 즐기며 적극적으로 참여한다. 사실 활동력이 가장 왕성한 십 대 청소년들이 함께하면 정말 좋을 텐데 공부하느라 시간이 없다는 게 안타깝다. 환경운동이 진짜 살아 있는 공부인데 말이다.

자주 하는 플로깅 외에 색다른 활동을 해 보고 싶어서 vms 봉사활동 사이트를 검색했다. 마침 한강운동본부에서 진행하는 나무 심기 활동이 보여서 지지배 멤버들에게 의견을 물었는데 좋다는 반응이었다. 봄이어서 나무를 심는 것이 의미가 있을 것 같았고, 또 얼마 전 강원도와 울진에서 심각할 정도로 크게 산불이 나서 너무나 안타까웠는데 작게라도 숲을 복구하는 데 보탬이 되는 활동이다 싶었다. 예전에 한강운동본부와 함께 일했던 적이 있어서 바로 연락을 해 보았다. 담당자분은 매우 반가워하시며 언제든지 청년들이 와서 봉사를 해 주면 큰 도움이 될 거라고 말씀하셨다.

지지배 톡방에 나무 심기 활동 공지를 올렸더니 금세 인원이 꾸려졌다. 청년 19명이 함께 여의도 샛강으로 갔다. 그날은 마침 여의도 벚꽃 거리가 열리는 날이었다. 생각지도 못했는데, 때마침 좋은 일도 하고 벚꽃 구경도 할 수 있어서 즐거웠다.

먼저 한강운동본부에서 현재 진행하고 있는 일들에 대한 설명을 듣고, 안전 장비를 착용했다. 그리고 곧바로 나무 심기에 필요한 자재들을 옮겼다. 첫 작업은 음식물쓰레기로 만든 퇴비를 옮기는 일이었다. 음식물쓰레기가 재활용되어 퇴비로 쓰인다는 건 알고 있었지만 실제로 현장에서 본 건 처음이었다. 힘을 합쳐 퇴비를 나르다 보니 참여했던 사람들간에 어색했던 분위기가 조금씩 편해졌다. 역시 같이 몸을 움직이는 건 친해지는 데 효과가 좋았다. 가족이나 친한 사람끼리 함께하면 오래오래 추억할 수 있을 만한 아주 좋은 봉사활동이라서 적극 추천한다.

퇴비를 옮기는 작업을 끝내고 장비들을 챙겨 샛강 쪽에서 자라고 있는 어린 나무들이 있는 곳으로 이동했다. 우리가 작업해야 할 공간이었다. 나무가 한정된 공간에 밀집되어 심겨져 있다 보니 자라면서 공간이 부족해져서 기형적으로 자라는 나무들이 여럿 있었다. 해를 잘 보고 싶어서 기울어진 나무도 있었고, 가지를 제대로 뻗지 못해 키만 위로 웃자란 나무들도 있었다. 이 나무들을 그대로 두면 잘 자라지 못하기 때문에 장소를 옮겨 주는 게 오늘의 할일이라고 하셨다.

여태까지 나무를 심는 활동은 묘목을 땅에 심는 것만 있는 줄 알았는데, 그것만이 전부가 아니었다. 그곳에서 일하시는 분들의 이야기를 들어 보니 공원에서 자라는 나무는 크는 과정에서 어린아이를 보살피듯 하나하나 사람의 손길이 필요하고, 사랑과 정성을 쏟아야 했다. 기형적으로 자라고 있는 어린 나무들이 잘 클 수 있도록 우리는 그 나무들을 포트에 옮겨 담는 작업을 했다. 포트에 옮겨진 나무들은 나무 보육원 같은 곳에서 돌봄을 받으며 스스로 자신의 모양을 만들어 나가는 과정을 거치고, 이후에 큰 나무로 성장할 수 있도록 또 다른 땅으로 옮겨진다고 했다.

우리가 옮겨 심은 나무들은 팽나무, 뽕나무, 참느릅나무였는데 키가 20미터까지 크고 기본 100년, 최대 500년까지도 산다고 한다. 우리들이 2시간 정도 옮겨 심은 나무가 60여 그루 정도였다. 60그루의 나무가 500년 동안 살면서 숲을 이룬다고 생각하니 오늘 한 일이 뿌듯하게 느껴졌다. 오늘 심은 나무들이 잘 자라서 후손들에게 건강하고 아름다운 숲을 만들어 주었으면 좋겠다.

활동을 마치고 집으로 돌아오며 탄소중립을 위한 다양한 콘텐츠를 더 찾아봐야겠다고 생각했다.

학교에서, 집에서 탄소중립을 실천해요!

1. 이메일과 클라우드 사진을 정리하자!

쓸모없는 데이터를 정리하면 전기 사용량이 줄어든다.

2. 텀블러, 에코백 들고 다니자!

일회용 컵과 비닐 사용을 줄이는 매우 좋은 방법이다.

3. 디지털 기기 사용 시간을 줄이자!

절전 모드로 밝기를 조절하고, 동영상은 스트리밍보다는 직접 내려받아서 시청한다.

4. 교복은 물려주자!

작아지거나 전학해서 안 입는 교복은 기증한다.

5. 급식은 먹을 만큼만 받자!

편식은 좋지 않지만, 남기는 건 더 좋지 않다.

6. 대중교통을 이용하거나 걷자!

가까운 거리는 걷거나 자전거를 이용하면 지구도 나도 건강해진다.

7. 물티슈, 종이 타월, 핸드 드라이어 덜 쓰자!

외출할 때 개인 손수건을 챙겨 다니면 해결된다.

8. 빈 교실의 조명 끄기

교실 이동 수업 때 교실의 조명이 꺼져 있는지 확인한다.

9. 비헹분석 분리배출

재활용 쓰레기를 배출할 때, 내용물을 깨끗이 비우고, 물로 헹구고, 라벨이나 뚜껑 등 다른 재질의 부착물을 분리하고, 같은 재질끼리 모아서 섞지 않고 버린다.

10.

- -

에필로그

작지만 소중한 마음을 모아

열아홉 살 철부지 적에 피어난 "내가 지구를 지키는 일을 하면 지구가 깨끗해질 거야"라는 무모하고 용감한 생각이 지금의 청년환경운동가로의 삶으로 이어졌습니다. 환경운동을 통해 순수한 청소년, 청년과 소통하는 가슴 뛰는 경험을 할 수 있어서 너무나 감사해 오늘도 저는 또 쓰레기 산을 찾아 나섭니다.

지구를 위한 활동에 동참하는 사람이 계속 많아졌으면 좋겠어요. 혼자 하는 것보다는 함께할 때 더 큰 힘을 발휘할 수 있거든요. 모든 사람이 환경을 사랑하고, 환경을 위한 작은 실천이 일상이 되는 사회가 되었으면 하는 희망을 품어요. 그래서 오늘도 어떻게 하면 사람들이 쓰레기 문제의 심각성을 알고, 소비를 줄이고, 분리배출을 제대로 할 수 있을

지구의 신음과 고통 소리가

제 귀에 들려옵니다.

여러분은요?

까 고민하면서 온라인과 오프라인을 오가고 있습니다.

돌아보면 엎치락뒤치락 예측할 수 없는 상황이 매번 눈 앞에 펼쳐졌던 것 같아요. 쓰레기 문제 해결이라는 큰 고민을 하며 짧지 않은 시간을 지나오면서, 혼자서 노력한다는 건 계란으로 바위치기라는 것을 알게 되었어요. 그리고 우리 모두가 이 지구를 사랑하는 마음을 담아 작게라도 행동하는 것이 해결점이라는 것을 알게 되었고요.

이 책을 읽는 그대가 우리와 함께해야겠다는 소중한 마음을 내어 준다면 더없이 감사하겠습니다.

지구는 아름답습니다.

당신이 바로 지구입니다.

지구를 사랑합니다.

내가 바로 지구입니다.

지구를 향한 작지만 소중한 마음을 모아

함께 지켜 나가고 싶습니다!

청년환경운동가 **홍다경**

쓰레기 산에서 춤을!

초판 1쇄 인쇄 2023년 6월 15일
초판 1쇄 발행 2023년 6월 26일

지은이 홍다경
그린이 성규빈
펴낸이 홍석
이사 홍성우
인문편집팀장 박월
편집 박주혜
디자인 김혜림
마케팅 이송희·이민재
관리 최우리·김정선·정원경·홍보람·조영행·김지혜

펴낸곳 도서출판 풀빛
등록 1979년 3월 6일 제2021-000055호
주소 07547 서울특별시 강서구 양천로 583 우림블루나인 A동 21층 2110호
전화 02-363-5995(영업), 02-364-0844(편집)
팩스 070-4275-0445
홈페이지 www.pulbit.co.kr
전자우편 inmun@pulbit.co.kr

ISBN 979-11-6172-876-6 44080
ISBN 979-11-6172-842-1 (세트)